십 대를 위한
하루 한 줄
인생 수업

십 대를 위한

하루 한 줄
인생 수업

중국 문화에서 배우는 지혜와 인성

김태완 지음

청어람e))

【 차례 】

중국은 아득한 고대부터 문화를 일구어서 지금까지 이어내려 온 나라입니다. 그리고 아주 이른 시기부터 우리 역사와는 떼려야 뗄 수 없는 관계를 맺어왔습니다. 우리가 한반도와 대륙에 걸쳐서 역사를 개척하던 시기에는 직접 중국과 마주하였고, 우리 영토가 한반도로 정해진 뒤로는 압록강, 두만강을 사이에 두고 서로 문화를 주고받았습니다. 우리 힘이 약할 때는 중국의 간섭을 많이 받았고, 우리 힘이 강할 때는 중국의 위세에 굽히지 않고 우리를 지켜냈습니다.

중국은 물론 우리보다 인구도 훨씬 많고 영토도 견줄 수 없을 만큼 넓습니다. 그러니 문화도 자연 우리보다 월등히 발달하고 다양했지요. 우리나라는 중국의 문화를 받아들여서 우리 독자적인 문화와 버무려서 문화를 발전시켰습니다. 문학과 예술과 종교사상과 기술문명이 대부분 중국을 통해 전해진 것이지만 우리 고유한 문화로 승화시켰던 것입니다. 이 책에 소개한 관용표현은 속담도 있고 고사성어도 있고 현자의 교훈과 경구도 있습니다. 이런 관용표현들은 마치 모래를 일어서 사금을 얻듯이 중국 사람들이 오랜 역사에서 터득한 슬기와 삶에서 얻은 지혜를 다듬어낸 것들입니다.

아직은 우리 십 대들이 중국어를 잘 말할 수도 없고 잘 알아들을 수도 없지만 이런 표현을 읽어두고 한두 마디라도 머릿속에 담아둔다면 점점 자라면서 중국어를 공부하고 중국문화를 체험할 때 이 표현들은 관심과 흥미를 불러일으키는 실마리가 될 것입니다. 꼭 중국어 공부를 하지 않더라도 이 책을 통해 우리 십 대가 앞으로 자라나고 삶을 살아가는 과정에서 꼭 필요한 지혜를 얻을 수 있을 것입니다. 하나라도 더 알고 더 배우면 그만큼 내 삶이 풍성해지고 내 지혜가 늘어난답니다.

끝으로 미리 원고를 읽고 의견을 들려준 강정욱 군에게 고마운 마음을 전합니다.

활을 가르칠 때
스승은 활을 당기기만 하고
쏘지는 않는다

引而不發

【인이불발】

"원리를 응용하여 터득하고
문제를 풀어나가는 것은 학생의 몫!"

우리나라 사람은 아득한 오랜 옛날부터 활을 잘 쏘는 민족으로 알려져 있습니다. 우리 역사에서 나라를 일으킨 건국신화의 영웅들은 활을 잘 쏘는 명궁이 많았습니다. 고구려를 일으킨 동명성왕 주몽은 이름이 활 잘 쏘는 사람이라는 뜻이라 합니다. 고려를 세운 왕건의 할아버지 작제건도 명궁이었고 조선을 세운 태조는 고려 말 이성계라는 이름의 무장으로 활약할 때 활 솜씨로 여러 차례 왜구를 물리쳐서 백성의 구세주가 되었지요. 현대 스포츠의 세계에서도 우리나라는 활 경기에서는 어느 누구도 따르지 못하는 활약을 보이고 있습니다. 올림픽 양궁대회는 우리나라 선수들끼리 겨루는 경기처럼 되어 버렸습니다.

활은 화살을 시위에 먹이고 당겨서 멀리 쏘아 보내는 무기입니다. 총이나 대포가 나오기 전에는 가장 멀리 있는 목표물을 맞힐 수 있는 강력한 무기였습니다. 우리나라와 같이 산이 많은 곳에서는 말을 타고 지형지물을 이용하면서 활을 쏘면 숫자가 적은 군사로 많은 적을 물리치는 데 아주 효과가 컸습니다.

활쏘기를 가르칠 때 스승은 활을 당기는 방법을 가르치지 자기가 직접 활을 쏘지는 않습니다. 활을 잡는 법, 활을 쏘기 위해 제자리에 서는 법, 활을 드는 높이, 과녁을 보는 각도, 바람의 세기를 가늠하는 법과 같은 활쏘기에 들어 있는 모든 기술을 보여주고 알려는 주되 실제로 활을 잡고 쏘지는 않습니다. 활을 쏘더라도 시범을 보여주기 위해서 쏠 뿐입니다. 활쏘기를 배워서 실제로 활을 쏘는 사람은 활쏘기를 배우는 학생입니다. 스승이 활을 쏴서 아무리 과녁을 많이 맞혀도 스승의 활쏘기일 뿐 나의 활쏘기는 아닙니다. 모든 공부가 마찬가지입니다. 스승은 모범을 보여주고 길잡이 역할만 할 뿐입니다.

가르침은 모든 것을 처음부터 끝까지 가르치는 것이 아니라 원리를 가르칩니다. 원리를 응용하여 터득하고 문제를 풀어나가는 것은 학생의 몫입니다.

하나를 들으면
열을 안다

聞一知十
【문일지십】

"공부 잘하는 비결은 추리와 유추 능력을 키우는 것!"

공자에게는 안회라는 아주 영특한 제자가 있었습니다. 공자가 무슨 말을 하면 그 뜻을 곧바로 알아들었고, 말을 일부만 듣고서도 원래 무슨 말을 하려고 했는지 그 의도까지도 알아차렸습니다. 공자가 한 말은 낱낱이 기억하여서 그대로 행동으로 옮겼습니다. 공자는 안회에게 모든 학문을 전수할 생각이었고 안회도 공자의 학문을 잘 계승하려고 하였습니다. 안회를 얼마나 아끼고 신뢰했던지, 안회가 일찍 죽고 나자 공자는 엉엉 울었다고 합니다. 자기 아들도 일찍 죽었는데 아들을 잃은 것보다 더 안타까워했다고도 합니다.

주로 대화만 늘어놓아서 딱딱하게 보이는 『논어』도 글자 사이를 잘 살려보면 공자와 안회의 사제 간 사랑이 아주 아름답게 씌어 있답니다. 어느 날 안회가 없는 자리에서 공자와 자공이라는 제자가 말을 주고받고 있습니다.

"너와 안회 둘 중에 누가 더 뛰어나다고 생각하느냐?"

자공이 대답합니다.

"제가 어찌 감히 안회와 같기를 바라겠습니까? 안회는 하나를 들으면 열을 알고 저는 하나를 들으면 둘밖에 모릅니다."

공자가 말합니다.

"그래! 그만 못하지. 나도 네가 그만 못하다고 생각한다."

자공은 스스로 겸손하게 대답하느라 이렇게 말했지만 공자가 선뜻 자기가 안회만 못하다고 대놓고 인정해버렸으니 실망을 했을까요? 자존심이 상했을까요? 알 수는 없겠지만 공자가 늘 안회를 아꼈고 제자들 사이에 토닥이고 경쟁하고 자존심을 다투는 일이야 왜 없었겠어요? 그렇지만 공자라는 위대한 스승 밑에서 함께 고생하고 공부한 제자들끼리는 어려운 일을 함께 헤쳐 나왔기에 서로 아끼고 신뢰하였던 것으로 보입니다.

하나를 들으면 정말 열을 알 수 있을까요? 때로 천재나 영재가 나와서 아주 어린 나이에 전문가니 되어아 해결할 수 있느 문제를 척척 푸는 것을 보면 정말로 하나를 들으면 열을 아는 사람이 있을

법도 합니다. 그러나 여기 이 말은 하나를 들었으면 그 터득한 내용을 바탕으로 추리를 하고 유추를 해서 지식을 넓혀 갈 수 있다는 뜻으로 볼 수 있습니다. 사람은 유추를 하고 추리를 할 수 있는 지성을 갖고 있지요. 이 점 다른 동물과 큰 차이랍니다. 셜록 홈즈 같은 명탐정이 활약하는 추리소설을 읽어보면 아주 작고 단순한 실마리 하나를 더듬어서 뒤에 숨겨진 커다란 진실을 찾아내지요? 이런 유추와 추리의 능력을 개발하는 것이 공부를 잘하는 비결이랍니다.

《 **3일** 》

흰 고양이든
검은 고양이든
쥐를 잘 잡는 고양이가
좋은 고양이다

白猫黑猫

【백묘흑묘】

"목표를 이루기 위해
실용적인 관점의 생각도 중요해요."

중국 쓰촨성에 이런 속담이 있답니다.

"누런 고양이든 검은 고양이든 쥐를 잡는 고양이가 좋은 고양이다."

쓰촨성은 중국의 중요한 곡창지대랍니다. 큰 강 네 줄기가 가로질러서 이름도 네 강(四川)이 흐른다는 뜻에서 쓰촨이라고 불립니다. 우리나라나 중국이나 옛날에는 거의 모두 농사를 지어서 먹고 살았는데, 농사에는 무엇보다도 물을 확보하는 것이 중요했지요. 쓰촨 지방은 강이 네 줄기나 흐르니 얼마나 농사를 짓기에 좋았겠어요? 농사짓기에 좋으니 곡식이 많고 곡식이 흔하니 저절로 쥐도 많았지요. 쥐가 많으니 쥐를 잡아먹고 사는 고양이도 많았고요. 농민이 고양이를 기르는 까닭은 무엇일까요? 쥐를 잡기 위해서이겠지요. 물론 요즘이야 반려동물로도 많이 기르지만 말입니다. 그런데 쥐를 잡기 위해서라면 그 고양이가 검은 놈이든 하얀 놈이든 누런 놈이든 무슨 상관이 있겠어요? 쥐만 잘 잡으면 되지.

중국의 현대사는 두 사람이 만들었다고 해도 지나친 말이 아닐 정도인데 그 두 사람이란 바로 마오쩌뚱(毛澤東)과 덩샤오핑(鄧小平)이랍니다. 마오쩌뚱은 수천 년 이어진 전제군주 체제를 뒤엎고 인민 사회주의 체제로 바꾸어서 현대 중국을 건국한 사람이며, 덩샤오핑은 서방 세계에 닫혀 있던 중국의 빗장을 열고 개혁개방을 통해 중국의 경제를 일으켜서 중국 사회를 안정시킨 인물이랍니다.

덩샤오핑의 개혁개방을 상징하는 정치 구호 가운데 하나가 바로 이 '흰 고양이든 검은 고양이든 상관없다'라는 말입니다. 거꾸로 검은 고양이 흰 고양이라고도 합니다만. 덩샤오핑이 젊었을 때 해방전쟁에 가담하였는데, 같은 고향 사람으로 전우가 있었답니다. 두 사람은 큰 전투를 치르고 나면 고향 이야기를 나누었는데 자연 이 말도 많이 하였답니다. 그래서 덩샤오핑에게는 이 말이 아주 익숙하고 생각의 뿌리에 닿아 있었나 봅니다.

덩샤오핑이 중국 정치를 책임지게 되자 중국 경제를 살리기 위해 이 말을 내세워서 적극 개혁개방을 추진합니다. 경제 문제는 정치에 휘둘려서는 안 된다고 생각했습니다. 왜냐하면 인민이 먹고 사는 문제이니까요. 더구나 자본주의 경제에도 계획의 측면이 있고 사회주의 경제에도 시장은 있으니 시장경제를 도입하건 계획경제를 유지하건 중요한 것은 경제를 살리는 일입니다. 그래서 덩샤오핑은 시장경제든 계획경제든, 자본주의든 공산, 사회주의든 상관없이 인민을 먹여 살리는 경제체제를 이룩해야 한다고 했던 것입니다. 덩샤오핑의 개혁개방 정책으로 현재 중국은 급속하게 경제를 발전시켜서 일본을 제치고 미국에 이어서 두 번째 경제 대국이 되었던 것입니다.

덩샤오핑의 이런 흰 고양이 검은 고양이 이론은 덩샤오핑의 실용주의를 상징하는 말입니다.

돌이켜
나에게서
구한다

反求諸己

【반구저기】

> "어떤 문제가 생기면 먼저
> 나에게서 원인을 찾아보아야 해요."

어릴 때 일입니다. 우리 집 뒤에는 산으로 올라가는 야트막한 언덕이 있었는데, 나이가 많은 참나무가 여러 그루 서 있어서 우리는 참나무둑이라고 불렀습니다. 참나무둑 끝에 동일이네가 살고 있었습니다. 동일이가 서너 살 때, 어느 날 아침을 먹고 놀러 나갔습니다. 동일이네 집에서 동무네 집으로 가려면 참나무둑을 거쳐서 마을로 내려와야 했습니다. 비탈길을 급하게 달려 내려가다가 앞으로 엎어졌습니다. 무릎 살갗이 벗겨지고 생채기가 나서 피가 배었습니다. 동일이는 징징 울면서 집으로 돌아왔습니다.

할머니가 묻습니다.

"우리 동일이를 누가 때렸노?"

동일이는 울먹이며 대답합니다.

"참나무둑 새끼가 그랬어! 잉잉!"

할머니가 동일이를 두남두며 말합니다.

"그놈이 왜 우리 동일이를 때렸노? 내가 뭐라 그럴 테니(야단을 칠 테니) 그만 울어라!"

동일이는 적이 멋쩍어서 울음을 그쳤습니다. 이랬던 동일이가 지금은 강원도에서 초등학교 선생님으로 있답니다!

우리는 무슨 일이 잘 안 풀리거나 잘못되면 남을 탓하기 쉽습니다. 그러나 그 일을 잘 들여다보면 원인이 나에게 있는 경우가 많습니다. 한때 어느 종교단체에서 "내 탓이오!" 운동을 벌인 일이 있었습니다. 사람들이 서로 못 믿고 정치가 어지러워지고 경제가 어렵고 경쟁이 심해지면서 범죄가 많이 일어나고 사회가 아주 어수선해지자 사람들이 서로 남 탓만 하고 나쁜 일이나 잘못된 일이 생기면 남에게 원인을 돌렸습니다. 그래서 먼저 나에게서 원인을 찾아보고 '내 탓이오!' 하고 반성을 하자는 뜻이었습니다. 그러나 어떤 문제가 생기면 그 원인을 꼼꼼히 따져봐야 합니다. 나와 관련한 일은 대체로 나에게 원인이 있습니다. 문제의 원인이 나라면 내가 반성하고 내가 해결책을 찾아야 합니다. 사회에서 일어나는 잘못된 일은 대체로 사회의 구조가 문제의 원인입니다. 그러므로 사회가 혼란해지고 잘못 놀아가면 사회의 구조를 바꾸기 위해 노력해야 합니다.

말만 하면
희랍을 들먹인다

言必稱希臘

【언필칭희랍】

"주체성을 갖고서
남의 좋은 점을 받아들여야 해요."

우리 대한민국 사람들은 지금 이 시간, 이 대한민국의 어느 땅에서 살고 있습니다. 이 점은 분명한 사실입니다. 우리는 아무도 내가 지금 대한민국에서 살고 있다고 때때로 느끼지는 않지만 당연한 사실입니다. 그렇다면 우리가 맨 먼저 신경을 쓰고 맨 먼저 관심을 두어야 할 문제는 바로 우리 대한민국의 지금 현실입니다. 대한민국에서 일어나는 여러 문제를 해결하기 위한 답을 찾으려면 먼저 지금 우리가 발을 딛고 있는 이 땅의 현실에서 출발해야 합니다.

그런데 우리나라에서는 무슨 문제가 일어나면 외국의 학자들에게 지혜를 빌리고 외국 사람들의 생각을 먼저 들으려고 합니다. 외국 학자가 무어라고 하면 그 말을 금이야 옥이야 떠받듭니다. 나라 안의 일은 물론 나라 밖의 일도 우리는 먼저 우리 눈으로 봐야 하고 우리 역사에서 교훈을 찾고 우리 현실에 비추어서 해결책을 찾아야 합니다.

요즘은 별로 쓰는 사람이 없지만 한때 유행한 말 가운데 "미제라면 양잿물도 한 그릇 더 마신다"라는 말이 있었습니다. 미제는 미국에서 만든 물건을, 양잿물은 가성소다라고도 하는 수산화나트륨을 가리키는 말입니다. 옛날에는 물에 짚이나 나뭇잎을 태운 재를 밭쳐서 그 물로 옷을 빨거나 기름이 찌든 그릇을 씻었다고 합니다. 이 물을 잿물이라고 했습니다. 가성소다, 곧 공업용 수산화나트륨이 우리나라에 들어와 세탁에 널리 쓰이면서 서양에서 들어온 잿물이라 하여 가성소다를 녹인 물을 양잿물이라 하였습니다. 양잿물은 세탁에는 아주 좋지만 먹으면 죽을 수도 있는 독극물이기도 합니다.

한국전쟁이 끝나고 미국이 우리나라에 커다란 영향을 미치면서 미국은 현대문명의 대표이며, 우리나라가 발전할 때 따라야 할 모델이었으며, 서양을 보는 거울이었습니다. 미국에서 나온 것이면 사람이든 물건이든 무엇이나 아름답고 멋있고 화려하고 튼튼하고 폼이 나는 것이었습니다. 그래서 미국에서 온 물건, 곧 미제는 고급품, 사치품의 대명사였으며 누구나 갖고 싶어서 사족을 못 쓰다시

피 했지요. 그러니 미제라면 독극물인지도 모르고 양잿물이라도 덜컥 마시려 했다는 말입니다. 이처럼 남의 것, 특히 선진국의 것이라면 무턱대고 좋아하고 따라하고, 나아가 자기 것을 멸시하고 비하하는 태도를 중국에서는 말만 하면 희랍을 들먹인다고 했답니다.

희랍은 그리스를 우리식으로 일컫는 말입니다. 지금 그리스로 불리는 나라 사람들은 자기네를 헬라스라고 부른답니다. 정식 나라 이름은 헬라스인 셈이지요. 그런데 오랫동안 그리스로 불려서 유럽이나 동양이나 다 그리스로 부르게 되었습니다. 그리스는 원래 헬라스를 이루는 여러 폴리스 가운데 한 지역의 이름인데 헬라스를 대표하는 이름이 되었던 것입니다. 배보다 배꼽이 더 크게 된 셈이지요. 헬라스를 한자로는 希臘이라고 쓰는데 중국 발음으로는 씨라, 우리 한자음으로는 희랍이라고 읽습니다. 이 때문에 그리스를 희랍이라고도 부르게 된 것입니다. 이 나라를 일컬을 때 그리스라고 하기보다 헬라스라고 하는 것이 더 정확하겠지요.

헬라스는 서양문명의 근원이며 서양 고전의 뿌리이지요. 그래서 옛날 서양에서는 모든 학문과 예술의 권위를 헬라스에 두었습니다. 르네상스도 바로 고대 헬라스의 학문과 예술의 정신을 회복하여서 새 시대의 학문과 예술을 발전시키려는 운동이었습니다. 그러니 희랍을 들먹이는 데는 나름대로 까닭이 있었지요. 그러나 말만 하면 희랍을 들먹인다면 맹목적으로 남을 꼭두각시처럼 따라 하는 것이 되고 말 테지요. 나의 주체성을 갖고서 남의 좋은 점을 받아들여야 내가 올바르게 발전할 수 있답니다.

가장 한국적인 것이
가장 세계적이라는 점
잊지 말아요!

병아리에게
콩을 먹이다

鷄娃吃黃豆
【계와흘황두】

"상대방을 살피고 배려하는
마음을 가져야 해요."

요즘은 병아리를 볼 일이 별로 없습니다. 봄철에 병아리가 알을 깨고 나오면 연노란 솜털이 보송보송하고 아직 날개에 힘도 없고 다리도 가녀린 것이 어미닭 날갯죽지 밑을 들락날락하면 참 예쁘지요. 어미닭이 알을 낳아 스무이레 동안 품으면 병아리가 알을 깨고 나옵니다. 수탉은 암탉과 병아리를 지켜주고 먹이를 찾으면 암탉과 병아리를 부르고, 고양이나 족제비 같은 짐승이 암탉과 병아리를 노리면 깃을 치켜세우고 목숨을 걸고 싸웁니다. 요새는 병아리가 알을 깨고 나와 어미닭과 한 식구를 이루는 모습을 볼 수 없으니 참 안타깝네요. 강아지나 새끼 고양이도 귀엽지만 병아리도 얼마나 귀여운데요!

  병아리를 빨리 자라게 하려고 영양이 풍부한 먹이를 먹입니다.

병아리는 어미닭을 따라 모이를 주워 먹고 물을 한 모금 마시고 하늘을 보며 물을 목구멍으로 넘깁니다. 병아리가 어미닭을 열심히 따라 하는 것이나 아기가 아장아장 엄마 손을 잡고 걷고 손으로 밥을 주워 먹고 하면서 자라는 것이나 어린 생명이 자기 삶을 열심히 살아가는 점에서는 같답니다.

병아리든 새끼 고양이든 강아지든 갓난쟁이는 아직 제힘으로 먹을거리를 찾아 먹고 충분히 소화할 수 없습니다. 그래서 어미가 젖을 먹이거나 먹이를 충분히 소화할 수 있도록 씹은 뒤 뱉어서 먹이거나 아주 부드러운 먹이를 골라 먹입니다. 아기만 이유식이 필요한 것이 아니랍니다.

콩은 영양가가 많아서 닭이든 소나 염소든 적당히 맷돌로 타서 먹이면 살이 잘 찌고 튼튼하게 자랍니다. 그런데 아직 보송보송한 솜털이 노란 여리디여린 병아리에게 콩을 먹이다니요? 굵은 콩을 그대로 주면 큰 닭도 먹기가 버거울 텐데 어린 병아리가 어떻게 먹을 수 있겠어요? 빨리 키우려는 욕심에 병아리 입을 벌려 억지로 콩을 집어넣으면 병아리는 목구멍이 막혀 숨을 쉴 수도 없겠지요. 상대방의 능력을 살피지도 않고 억지로 지나친 일을 시키려고 할 때 중국 사람들은 이 말을 쓴답니다.

황하는
물줄기가 아무리 꺾여도
끝내 동으로 흐른다

萬折必東

【만절필동】

"현실이 아무리 어렵더라도
희망을 가지면
제 길을 찾아갈 수 있어요."

중국의 상고시대 역사와 문명은 황하를 중심으로 발전하였습니다. 황하는 티베트 동부 고원지대에서 시작하여 5,460여 킬로미터를 흘러서 우리나라와 중국 사이에 있는 황해로 흘러 들어갑니다. 중국에서 둘째로 긴 강이며, 세계에서도 아주 긴 강에 속합니다. 황하는 충적평원 지대를 지나면서 엄청난 흙을 품고 흐르는데 흙 색깔 때문에 누렇게 되어서 황하라고 부른다고 합니다. 황하가 토해 놓은 흙은 유기물이 풍부하여서 농사가 아주 잘 됩니다. 아득한 옛날부터 중국 대륙에서 농사가 발달한 것은 바로 이 황하 때문이라 할 수 있습니다. 황하는 발원지에서 시작하여 황해로 들어가기까지 여러 차례 물줄기가 꺾이고 물길이 거세어서 물줄기가 크게 바뀌기도 하였는데 오랜 세월 동안 가장 북쪽에서 바다로 흘러들었을 때와 가장 남쪽에서 흘러들었을 때 거리가 800킬로미터나 된다고 합니다. 황하는 중국문화의 젖줄입니다.

황하는 5,460여 킬로미터를 수십 번 이리저리 굽이쳐 흐르지만 끝내는 동쪽에 있는 발해만 근처에서 바다로 흘러 들어갑니다. 사물은 아무리 변화무상하여도 일정한 법칙이 있어서 법칙을 따르게 되어 있다는 뜻으로 이 말을 씁니다.

조선 후기 병자호란 뒤 중국에서는 명이 망하고 청이 들어섰습니다. 병자호란 때 인조가 청에 항복한 수치를 겪은 조선 사회에서는 현실 세계의 청을 동아시아의 패권국으로 인정을 했지만 속으로는 동아시아 유교 문화의 정통은 조선이 지니고 있다는 의식을 가짐으로써 상한 자존심을 조금이나마 스스로 위로하였습니다. 당시 조선의 정치에 막대한 영향력을 지녔던 노론의 우두머리 송시열은 죽음을 앞두고 제자에게 만동묘를 지어서 제사를 지내라는 유언을 남깁니다. 만동묘는 임진왜란 때 원군을 보냈던 명의 신종과 명의 마지막 황제 의종의 사당입니다. 이름은 위의 만절필동에서 따온 것입니다.

왜 망한 왕조인 명의 두 황제를 모시는 사당을 조선에서 세웠을까요? 지금 세계관과 역사의식으로는 이해하기 어렵지만 당시 조선의 지식인들은 청이라는, 세계에서 가장 강한 나라의 폭력에 굴복했다 하더라도 정신만은 굴복하지 않았다는 자존심을 지키기 위해서라고 할 수 있겠습니다. 정신의 자존심을 지키는 방법은 망한 명을 이어서 유교 문화의 정통을 지켜나가는 것이라고 생각했습니다. 그리하여 시대착오라 할 만동묘를 짓고 민간의 족보에서는 망한 명 의종의 연호인 숭정을 조선이 망할 때까지 사용했던 것입니다. 사물의 변화가 아무리 무상하더라도 결국은 필연의 법칙을 따르게 마련이므로 현실의 어려움을 참고 극복해나가노라면 보편의 법칙, 문명과 문화가 지배하는 사회를 회복할 수 있다는 자기암시로 썼던 것입니다.

역사가 좋은 방향으로 발전한다는 믿음을 가진 사람은 현실이 아무리 어렵고 이치에 맞지 않는 일이 일어나더라도 언젠가는 제 길을 찾아서 나아간다는 희망을 잃지 않습니다. 만절필동이라는 말에는 이런 희망이 담겨 있습니다.

여자도
하늘 반쪽을
떠받칠 수 있다

婦女能頂半邊天

【부녀능정반변천】

"여자와 남자가
함께 어울려 살아가는 세상을!"

요즘 '미투'니 '페미니즘'이니 하여서 여성의 인권을 다시 돌아보고 있습니다. 너무 늦었다는 느낌이 들 정도로 여성의 인권이 새삼 이 시대의 화두가 되었습니다. 고대에는 동양이든 서양이든 여성의 인권은 무시되기 일쑤였습니다.

아득한 옛날에는 나무를 베고 돌을 들어내고 물길을 돌리고 땅을 개간하여서 농사를 지을 수 있도록 만들고, 가끔 넘치는 강물을 막아 제방을 쌓고, 사나운 짐승을 막아내고, 식량을 빼앗으러 쳐들어오는 도적이나 외적을 막아내려고 공동체를 지키고 집단을 발전시켜 나가려면 강한 힘을 가진 남자들이 힘을 모아야 했습니다. 남자들의 힘으로 사회와 공동체를 지키고 꾸려나가던 시기에는 당연히 남자들의 권리가 여자들의 권리보다 높았던 것입니다. 그렇다고 해서 여자나 노인, 어린이와 같이 힘이 약한 사람의 권리를 무시해서는 안 되지만 인류사회의 생활이 그리 수월하지 않았기에 성인 남자들이 여자들보다 높은 권리를 누렸습니다.

그러나 현대 물질문명과 기계화된 산업사회에서는 주로 단순히 신체의 힘으로 생산하는 분야가 줄어들었고, 분야에 따라서는 여자들의 생각이나 힘이 더 많은 생산을 하는 것도 있습니다. 그러므로 현대사회에서는 여자의 권리가 점차 높아지고 있고 앞으로는 성이나 신분, 출신, 국적, 종교와 같은 차이에 따라 차별을 받지 않는 사회로 발전해야 하겠지요.

서양에서도 여성의 권리가 인정된 것은 20세기에 들어와서입니다. 인권의 수준을 평가하는 기준은 여러 가지가 있지만 그 가운데 참정권을 한 가지 기준으로 삼을 수 있습니다. 미국이나 유럽에서 여성의 참정권이 인정된 것은 여성이 사회의 여러 분야에 활발하게 진출하면서부터입니다. 여성의 역할이 사회에서 점차 커지면서 여성에게도 참정권을 인정하게 되었던 것입니다. 여성도 참정권을 갖게 되면서부터 사회에서 주체적 시민으로서 자기 정체성을 갖게 되었고 여성의 역할과 권리를 소리 높여 외칠 수 있게 되었습니다. 권리는 스스로 지켜야 합니다.

이 말은 원래 현대 중국의 어느 마을에서 겪은 일이 바탕이 되어서 유명해졌다고 합니다. 1950년대 중국은 경제가 낙후하여서 생활이 매우 어려웠습니다. 경제 사정이 더욱 어려운 농촌 지역에서는 지역사회의 건설과 농업생산을 함께 하는 합작회사 같은 것을 세워서 경제를 일으키려고 하였습니다. 구이저우성 어느 마을도 합작회사를 세웠는데 여자 사원이 23명 있었다고 합니다. 남자들은 여자를 무시하여서 여자들이 밖에 나가 일하는 것을 좋아하지 않아 23명 가운데 서너 명만 나가서 일을 하였습니다. 가뜩이나 노동력이 부족하여서 식량을 마련하기도 어려운 상황에서 여자들의 역할을 무시하여 일을 할 수도 없으니 지역사회의 생산력이 오를 수 없었습니다.

여자 사원의 주임이 "마오쩌둥 주석이 남녀는 평등하다고 하였으니 여자들도 남자들과 똑같이 일을 할 수 있다"라고 여자들을 일깨워서 적극적으로 나서서 밭을 갈고 모내기를 하고 농업생산에 뛰어들었습니다. 그리하여 농작물 생산이 세 배나 늘었다고 합니다. 마오쩌둥이 이 성과를 알고 나서 "여자도 하늘 반쪽을 떠받칠 수 있다"라고 격려를 하였습니다. 이 말은 아주 빠르게 장강 남북 지역으로 퍼져나가서 여자들의 적극적인 활동을 고무하였습니다. 남자들이 세계를 주도하던 시대가 지나갔습니다. 이제는 여자노 남자와 똑같이 하늘의 반쪽을 떠받치고, 세계의 반쪽을 책임지는 시대가 되었습니다.

공평하지 않으면
울부짖는다

不平則鳴

【불평즉명】

"평등하고 정의로운 세상은 그냥 오지 않아요."

잔이나 동이에 물을 담아서 마구 흔들어대면 물은 출렁거리다 넘치지만 가만두면 금세 평평해지지요. 나무도 바람이 불지 않으면 하늘로 뻗은 가지가 제 모습대로 가만히 있지요. 하늘과 땅 사이에 만물은 모두 가지런하고 한결같은 원래의 상태를 유지하려는 성질이 있습니다. 용수철을 센 힘으로 눌렀다가 놓으면 튕겨 오르지요. 누르면 누를수록 튕겨 나오는 힘이 더 크지요. 사람도 마찬가지로 자기 삶을 자유롭게 살기를 바랍니다. 제힘으로 열심히 일을 하고 자기 식구를 돌보고 자기가 키운 꿈을 펼치려고 합니다.

한 사회 모든 사람이 평균으로 바라는 교육을 받고 아프면 적절한 치료를 받고 살 집을 갖고 식구를 먹어 살릴 수 있는 일자리를 얻어야 합니다. 사람으로서 살아가기 위한 이런 기본적인 삶의 수단을 얻지 못하면 사회는 불평등하고 부조리하고 불의한 것입니다. 인류 역사가 점점 나은 방향으로 발전해왔다고 한다면 이런 발전을 이끈 원동력은 이런 삶의 기본 수단을 얻지 못하고 계급과 신분과 재산으로 억눌렸던 사람들이 들고일어나서 이런 불평등과 불의에 저항한 힘입니다.

인류 역사는 여러 차례 이런 혁명을 거치면서 오늘날과 같은 민주시민 사회로 발전해온 것입니다. 세계사를 바꾼 프랑스 혁명은 말할 것도 없고 우리 역사에서도 3·1절 기미 독립 만세 시위, 4·19 학생혁명, 5·18 민주항쟁이 모두 불의와 부정과 불평등에 억눌렸던 민족과 민중과 시민이 내지른 함성입니다.

사물은
극에 이르면
반드시 돌이킨다

物極必反

【물극필반】

"잘 나갈 때 정말 조심하고, 못 나간다고 자책할 필요도 없고."

노자라는 고대 중국의 현자는 반작용을 사물의 근본 이치라고 하였습니다. 우리 태극기를 봅시다. 위의 빨간색은 양, 아래의 파란색은 음이지요? 우주의 모든 사물은 양과 음이 서로 간섭을 하고 서로 대립하고 서로 조화를 이루는 운동으로 생겨나고 없어진다고 합니다. 무생물이나 생물이나 할 것 없이 모두 음과 양이 만들어낸 것이랍니다. 사람들의 생각과 정신도 음과 양의 지배를 받는다고 합니다.

태극기의 가운데 태극의 모양을 보면 옛날 사람들이 음과 양의 운동을 어떻게 이해했는지 알 수 있습니다. 빨간색인 양에 세로로 금을 그어보면 금이 가장 긴 곳은 바로 음이 시작하는 곳입니다. 파란색인 음도 마찬가지입니다. 양의 힘이 커져서 극에 이른 곳이 바로 양의 힘이 줄어들기 시작하는 곳입니다. 음의 힘이 가장 큰 곳이 바로 음의 힘이 줄어들기 시작하는 곳이고요.

지구의를 봅시다. 지구의의 남극점이든 북극점이든 극점에 이르러서 앞으로 더 가면 어떻게 되나요? 다시 내려오게 되어 있지요? 태양이 정오에 남쪽 하늘에 올라온 위치를 남중이라고 하는데, 남중 고도가 가장 높은 때를 하지라고 합니다. 하지는 태양이 가장 높이 올라온 날이지만 동시에 태양이 올라오는 높이가 낮아지기 시작하는 날이기도 합니다. 동지는 반대이지요? 사물의 어떤 변화와 운동도 이처럼 극에 이르면 반대 방향으로 운동이 일어납니다. 이처럼 끝없이 극과 극 사이를 오르락내리락, 왔다 갔다 하는 것이 자연의 이치랍니다.

한번 울면
사람을 놀라게 한다

一鳴驚人

【일명경인】

"진짜 실력은
오랫동안 참고 견디며
쌓아야 하는 것!"

고대 중국의 전국시대에 초나라가 있었습니다. 우리가 양쯔강이라고 하는 중국에서 제일 긴 강을 중국에서는 장강이라고 하는데 초나라는 이 장강을 끼고서 중국 남쪽에서 가장 강한 나라가 되었습니다. 초나라가 강한 나라가 된 데는 장왕이라고 하는 뛰어난 왕이 있었기 때문입니다.

초나라 장왕은 왕이 된 지 3년 동안 아무런 명령도 내리지 않고 행정을 펼치지도 않았습니다. 군사 업무를 담당하는 장관이 왕의 생각을 슬며시 떠보았습니다.

"남쪽 언덕에 큰 새 한 마리가 앉아 있습니다. 3년 동안 날갯짓도 하지 잃고 날지도 않고 울지도 않았습니다. 이런 새를 무어라 하겠습니까?"

왕이 말했습니다.

"3년 동안 날갯짓을 하지 않은 까닭은 날개가 더 크게 자라도록 하기 위함이며, 날지 않고 울지 않은 까닭은 사람들의 태도를 살펴보기 위함이오. 비록 날지는 않았지만 한번 날면 하늘 높이 날아오르고, 울지는 않았지만 울면 반드시 사람들을 놀라게 할 것이오. 마음 놓으시오. 내 그대의 뜻을 알겠소."

그리고 반년이 지나자 초나라 장왕은 직접 조정에 나아가 정치를 살폈습니다. 열 가지 불합리한 행정 폐단을 없애고 아홉 가지 혁신 행정조치를 발표하고 간신을 처형하고 은자를 선발하여서 나라가 크게 다스려졌고 강대국이 되었습니다. 장왕은 충직한 사람의 말을 무시하지 않고 또 섣불리 재능을 드러내지 않고 오랫동안 실력을 쌓았기 때문에 큰 업적을 남겼습니다.

한자 성어에 대기만성(大器晩成)이라는 말이 있지요? 실력을 쌓는 것이 먼저 할 일입니다. 실력이 있으면 쓰이게 됩니다. 섣부른 실력을 믿고 설치면 금방 밑천이 드러납니다. 그리고 실력은 하루아침에 쌓을 수 있는 것이 아닙니다. 참고 견디며 오랫동안 쌓아야 합니다.

겸손하면 얻고
교만하면 손해를 부른다

滿招損 謙受益

【만초손 겸수익】

"비어 있어야
뭐든 받아들일 수 있어요."

어떤 사람이 덕이 높은 스님을 찾아왔습니다. 진리의 말씀을 들으러 왔다고 하였습니다. 스님은 이 사람에게 차를 달여서 내놓았습니다. 스님이 차를 준비하는 동안 이 사람은 자기가 얼마나 배웠는지, 얼마나 많이 알고 있는지 늘어놓았습니다. 온 세상의 책이란 책은 다 읽어보고 스승이란 스승은 다 찾아다니며 가르침을 받았노라고 자랑하였습니다. 스님은 이 사람의 말을 들으면서 계속 찻잔에 차를 따랐습니다. 찻잔이 넘치는데도 아랑곳하지 않고 계속 따르기만 하였습니다. 찻잔이 넘치는 것도 모르고 제 말만 늘어놓던 사람이 그제야 이상하다는 듯 스님께 말했습니다.

"스님! 왜 찻잔이 넘치는데도 계속 차를 따르고 계십니까?"

스님이 능청스럽게 말했습니다.

"아! 찻잔이 비어야 차를 따를 수 있지요. 이처럼 찻잔이 가득 차 있으면 차를 따라도 넘치기만 할 뿐이지요."

그제야 이 사람은 깨달음을 얻었습니다. 가득 차 있으면 더 이상 채울 수 없다는 것을. 비어 있어야 집어넣을 수 있다는 것을. 가득 차 있으면 넘칠 뿐입니다. 비워야만 무엇이든 받아들일 수 있습니다.

느린 것을
두려워하지 말고
중도에 그만두는 것을
두려워하라

不怕慢 只怕站

【불파만 지파참】

"처음에는 천천히 달려야
끝까지 달릴 수 있어요."

100미터 달리기는 전력 질주를 해야 합니다. 그러나 500미터 달리기는 처음부터 전력 질주를 해서는 끝까지 달리기 어렵고 끝까지 달리더라도 좋은 성적을 올리기 어렵습니다. 그리고 올림픽 경기의 꽃이라는 마라톤은 42.195킬로미터를 달려야 하기에 처음에는 천천히 뛰듯이 해야 끝까지 달릴 수 있습니다. 그래서 마라톤을 흔히 인생에 비유하기도 합니다.

　무슨 일을 하더라도 짧은 시간 동안에 끝내야 할 일이라면 시간을 가늠하여 온 힘을 다해야 하겠지만 살아가면서 겪는 중요한 일은 대부분 오랜 삶을 통해 이루어지기 때문에 결과를 성급히 기대하고 시둘러서는 안 됩니다. 걸음이 빠른 토끼와 느림뱅이 거북이 달리기 경주를 하여서 거북이 이겼다는 이솝 우화는 지금 청소년에게는 별 감동을 주지 못하겠지만, 실제로 역사에 큰 업적을 남긴 위인들은 자기가 몸담은 분야에서 꾸준히 오랫동안 자기 삶을 다 바쳤습니다. 에베레스트산을 처음 오른 뉴질랜드 출신 산악인 에드먼드 힐러리 경은, 누군가 에베레스트산을 오른 비결을 물었을 때 "천천히, 그러나 꾸준히(Slow, but steady)!"라고 대답했다고 합니다.

살아가면서 중요한 일, 의미 있는 일, 큰 업적을 남기는 일은 대부분 어렵고 오랜 시간이 걸립니다. 그러니 서둘러서는 도리어 일을 망칩니다. 느린 것은 걱정할 것이 없습니다. 다만 일이 힘들다고, 시간이 많이 걸린다고, 금방 성과가 나지 않는다고 지레 겁을 먹거나, 금방 포기해버리거나 싫증을 내고 그만두는 것이 문제입니다.

경험은
지혜를 낳는다

不經一事, 不長一智

【불경일사 부장일지】

"많은 일을 겪을수록
생각의 폭이 깊고 넓어져요."

사람을 생물학에서는 호모 사피엔스 린네(Homo Sapiens Linne)라고 합니다. 호모는 생물학에서 사람이 속한 갈래를 나타내는 이름이고 사피엔스는 '슬기롭다, 지혜롭다'라는 뜻입니다. 린네는 이렇게 이름을 붙인 사람의 이름입니다. 그러니까 호모 사피엔스는 '슬기로운 사람'이라는 뜻이 되겠네요. 사람과 비슷한 영장류는 오랑우탄, 침팬지, 고릴라가 있고, 영장류 아래에 사람속이 있는데, 여기에 호모 에렉투스(곧게 선 사람)니 호모 하빌리스(도구를 쓰는 사람)니 호모 사피엔스(슬기로운 사람)니 하고 분류되는 현생인류로 진화한 갈래가 속합니다.

우리는 현생인류인 호모 사피엔스에 속하지요. 사람은 다른 동물과 달리 어떤 일을 겪으면 그 일로 지혜를 얻습니다. 물론 동물도 경험을 통해 얼마간 지혜를 얻을지도 모릅니다. 일본원숭이 한 마리가 우연히 고구마를 씻어서 먹었는데 흙이 씻겨서 깨끗하여 먹기에 편하였습니다. 그다음부터 고구마를 얻으면 씻어서 먹었습니다. 고구마뿐만 아니라 도토리나 다른 먹이도 물에 씻어서 먹었습니다. 이렇게 씻어 먹는 행위는 금세 온 원숭이 무리에 퍼졌습니다. 원숭이도 우연한 경험을 통해 지혜를 터득한 것이지요. 원숭이도 영장류이니 사람만큼은 아니어도 머리가 좋아서 경험을 통해 지혜를 얻을 수 있었을 터입니다.

사람은 다른 새로운 일을 만났을 때 이미 겪은 일을 바탕으로 해결책을 찾을 수 있습니다. 비슷한 일을 되풀이해서 겪은 뒤에는 그 일들이 가진 공통점을 뽑아서 그 속에 들어 있는 원리를 찾아냅니다. 이렇게 찾은 원리를 다른 일에 적용하여서 또 새로운 사실을 알아낼 수도 있습니다. 그러므로 사람은 어렸을 때부터 될 수 있는 대로 많은 일을 겪어야 합니다. 많은 경험을 한 사람은 새로운 일을 마주쳐도 과거의 경험에서 얻은 지혜를 써서 일을 잘 처리할 수 있기 때문입니다. 많은 일을 겪어서 지혜를 쌓은 사람은 생각의 폭이 깊고 넓으며 훌륭한 인격으로 성장할 수 있는 것입니다.

부축해도
일어나지 못하는
아두

扶不起的阿斗

【부불기적아두】

"나약하고 무능한 사람이 되지 않으려면 항상 깨어 있어야 해요."

아두는 중국 삼국시대의 한 나라인 촉을 세운 유비의 아들입니다. 원래 이름은 유선인데, 어릴 때 어머니가 북두칠성 꿈을 꾸고 낳았다고 해서 어릴 때 북두칠성의 두 자를 넣어서 아두라고 불렀답니다.

유비가 세운 촉을 이어받아서 조비가 세운 위나라, 손권이 세운 오나라와 함께 삼국시대를 이끌었습니다. 그러나 아두는 유비만큼 뛰어난 인물이 아니었습니다. 유비는 관우, 장비와 의형제를 맺고 조운, 마초, 황충과 같은 뛰어난 장수와 제갈량, 방통 같은 참모의 도움을 받아 땅을 한 뼘도 물려받지 않았지만 한 나라를 일으켰습니다. 그런데 아두는 아버지에게서 촉나라 땅과 제갈량 같은 뛰어난 인재를 물려받았지만 잘 지키지 못하고 아첨하는 말만 듣고 나라를 망쳤습니다. 위나라가 쳐들어오자 태자는 목숨을 걸고 지키자고 하는데 어이없게도 나라를 송두리째 위나라에 넘겨주고 말았습니다.

위나라 서울로 끌려간 뒤 제 한 몸은 편하게 지냈나 봅니다. 한 번은 위나라의 실권을 쥔 사마소가 잔치를 베풀고 촉에서 끌려온 사람을 시켜서 촉의 음악을 연주하였습니다. 아두를 따라 촉에서 끌려온 관리들은 모두 눈물을 흘리는데 아두는 낄낄대면서 "이곳이 즐거워서 촉 땅 생각이 나지 않습니다"라며 태연히 즐겼다고 합니다. 아두는 제 몸을 보존하기 위해 일부러 꾀를 쓴 것일까요? 촉 땅을 그리워했다면 목숨이 위태로워질지도 모른다고 생각했을까요? 아두가 촉을 다스리고 있을 때나 촉이 망할 무렵이나 촉이 망하고 위나라로 끌려와서 지낸 남은 삶을 보더라도 그렇게 보이지는 않습니다. 아두는 타고난 천성이 빙충맞았던 것으로 보입니다. 아무튼 아두는 나약하고 무능한 사람을 대표하는 얼간이가 되고 말았습니다.

현실에서
진실을 찾는다

實事求是

【실사구시】

"옛날 생각에만 사로잡혀서는
발전이 없어요."

조선은 초기에는 같은 시기 중국이나 서양 유럽의 어느 나라와 견주어도 뒤지지 않을 만큼 정치제도가 잘 갖춰지고 학문과 문화가 발달하였습니다. 고려 때부터 발달한 인쇄술로 수많은 서적을 출판하여서 학문을 연구하였고, 정확하게 천문현상을 관측하여서 정교한 달력을 만들고, 농업생산에 필요한 기술을 발전시키고, 외적으로부터 나라를 지키기 위한 갖가지 무기도 잘 갖추었습니다. 그러나 어느 나라나 어떤 권력이라도 오래 유지되면 가진 사람과 못 가진 사람의 틈이 벌어져서 사회가 위태로워집니다.

조선 사회도 차츰 나라를 이끌어가던 학자와 관료가 자기 권력을 유지하려고만 하고 공공의 이익을 돌보지 않게 되었습니다. 그리고 학문을 자기들의 이익을 유지하는 데에만 이용하였습니다.

사회가 변하면서 여러 가지 문제가 생겨도 옛날 이론만 고집하여서 급하게 변해가는 현실에 효과 있게 대응할 수 없었습니다. 그래서 현실을 돌아보고 현실의 문제를 해결하는 방법을 현실에서 찾아야 한다고 주장하는 학자들이 나타났습니다. 이렇게 옛날의 학문을 반성하고 오늘의 현실에서 진리를 찾자고 주장하는 학자를 실학자라고 하고 이들의 학문을 실학이라고 합니다. 실학이라고 해서 전혀 새로운 학문은 아닙니다. 여태까지 너무 이론에만 사로잡혀 있던 학문의 태도를 반성하고 현실을 돌아보고 현실에서 진리를 찾자고 하는 유학의 새로운 운동입니다. 현실에서 진리를 찾자고 하는 주장을 실사구시라고 합니다. 거창한 이론, 듣기에만 그럴듯한 이론이 아니라 실제 일을 해결하는 데 도움이 되는 이론이 옳은 이론인 것입니다.

옛날 어떤 사람이 있었습니다. 이 사람은 신고 다니던 신발이 다 닳아서 버리고 다음 장에 가서 새 신발을 사려고 하였습니다. 장에 가기 전날 지푸라기로 발의 치수를 재 두었습니다. 다음 날 장에 가서 신발을 사려고 주머니를 뒤져보니 발의 치수를 재어 둔 지푸라기가 없었습니다. 서둘러 장에 오다가 잊어버렸던 것입니다. 부랴부랴 집으로 돌아갔습니다. 기다기 동네 사람을 만났습니다. 동네 사람이 묻습니다.

"자네, 장에 간다더니 왜 이리 일찍 돌아오는가?"

이 사람이 대답합니다.

"신발을 사려고 장에 갔는데 치수를 재 둔 지푸라기를 잊어버려서 다시 가지러 가는 길일세."

"아! 이 사람아! 어차피 자네 발에 신을 신발인데 발에 신어보고 사면 되지 않는가?"

"말 말게. 치수는 믿어도 내 발은 믿을 수 없네."

정말 이런 사람이 있을까요? 의외로 이런 사람이 많습니다. 현실에서 이치를 찾지 않고 전해 내려오는 관습이나 학설, 이론만 곧이곧대로 믿고 현실을 따라가지 못하는 사람은 모두 이 사람과 다를 것이 없습니다.

아랫사람에게 묻는 것을
부끄러워하지 않는다

不恥下問

【불치하문】

"아랫사람을 무시하는 사람치고
잘되는 사람이 없어요."

사람들은 높은 자리에 있거나 스스로 많이 배웠다고 생각하는 사람일수록 아랫사람이나 자기만 못하다고 여기는 사람의 말을 무시합니다. 그러나 역사에서 큰 업적을 남긴 사람일수록 남의 말을 듣고서 지혜를 얻었습니다. 어지러운 세상을 바로잡고 새로운 사회질서를 이룬 영웅은 남의 충고를 잘 들었습니다. 중국 상고시대 이상사회를 이루었다는 요임금, 순임금이나 상나라를 세운 탕왕, 주나라의 기틀을 닦은 문왕, 문왕의 사업을 이어받아 주나라를 세운 무왕은 모두 다른 사람의 조언을 잘 들었고 남에게서 지혜를 구했습니다. 나이가 어리거나 지위가 낮다고 해서 반드시 어리석은 것은 아닙니다. 오히려 나이가 어린 사람이나 아랫자리에 있는 사람이야말로 윗사람이 미처 보지 못한 것을 볼 수도 있습니다.

사람들이 구리로 커다란 종을 만들어놓고 종 틀에 매달려고 하였습니다. 종이 무거워서 도저히 들어 올릴 수 없었습니다. 일꾼들이 종에 밧줄을 감아 종 틀에 달아 올리려고 아무리 애를 써도 꿈쩍도 하지 않았습니다. 둘러선 구경꾼들은 잔뜩 기대하고 있다가 일꾼들의 몸부림에 낄낄대며 웃기도 하고 시간이 자꾸 흐르자 싫증을 내기도 하였습니다. 그때 할아버지 등에 업혀서 구경을 하던 아이 하나가 깔깔대며 웃었습니다. 할아버지가 왜 웃느냐고 물었습니다. 아이는 이렇게 대답했습니다.

"어른들이 몇 사람이나 달려들어서 종 하나를 달아매지 못하고 쩔쩔매고 있으니 우습지 않아요?"

할아버지가 "예끼 놈! 너는 무슨 좋은 수가 있느냐?" 하고 어른들 일에 나선다고 나무랐습니다. 아이가 대답했습니다.

"종을 그대로 두고 틀을 만들어서 종을 붙들어 맨 다음에 바닥을 파내면 되잖아요! 그것도 몰라요? 어른들이?"

할아버지도 둘레에 서 있던 구경꾼들도 종을 매달려고 애를 쓰던 일꾼들도 아이의 영특한 말에 깜짝 놀랐습니다.

닭이나 개나
모두 신선이 된다

鷄犬皆仙

【계견개선】

"남의 힘이 아니라
자신의 힘으로 인생을 개척하세요."

유교, 불교, 도교를 동양의 전통 세 종교라고 합니다. 유교는 참다운 인격을 갖추어서 착한 사람이 되기를 가르치고, 불교는 살아 있는 사람이면 누구나 겪을 수밖에 없는 괴로움을 벗어나서 진리를 깨달아 영원한 즐거움을 누리는 부처가 되기를 가르치고, 도교는 도를 수련하여서 영원히 늙지 않고 죽지 않는 신선이 되기를 가르칩니다. 도교의 가르침을 믿고 따르는 사람들은 신선이 되기 위해 갖가지 방법을 수련합니다. 곡기를 끊고 단식을 한다든지, 호흡을 깊이 한다든지, 특별히 고안한 체조를 한다든지, 특별히 조제한 약을 먹는다든지…. 도를 수련하는 사람을 도사라고 합니다. 옛날 중국에 어떤 도사가 약을 조제하여 먹고 신선이 되어서 하늘로 올라갔습니다. 남은 약은 마당에 버렸습니다. 마당에 놀던 닭이 약을 쪼아 먹고 개가 핥아 먹고서 닭도 개도 신선이 되어서 하늘로 올라갔습니다. 황당한 이야기이지요?

　닭이나 개나 모두 신선이라는 말은 한 사람이 잘 되면 덩달아 주위 사람이 모두 잘된다는 말로도 쓰입니다. 일제강점기, 한국전쟁, 경제개발 시기를 거치고 군사 독재 시기를 거치면서 우리나라 사람들 가운데에는 잘된 친인척이나 아는 사람에게 빌붙어서 한 자리를 차지하거나 한몫을 챙기려는 사람들이 많았습니다. 지난 시절에는 워낙 사는 게 어려워서 그렇게 하는 것도 그리 탓할 일이 아니었을 것입니다. 그러나 자기가 몸소 노력하고 애써서 얻은 것이 아니라 잘난 부모나 친인척 덕분에 얻은 자리나 재물로써 뻐기고 자기보다 못한 사람을 깔보며 무시하는 일은 아주 야비하고 비열한 짓입니다.

개도
문을 지킬 수 있다

狗還能看門

【구환능간문】

"자기만의 고유한 재능과 개성을 찾는 것이 미래의 경쟁력!"

우리 속담에 굼벵이도 구르는 재주가 있다는 말이 있지요? 누구나 자기 나름대로 최소한 한 가지 능력은 지니고 있다는 말입니다. 사람은 누구나 저마다 다양한 성품과 함께 서로 다른 잠재적인 재능을 지니고 태어납니다. 어떤 사람은 재능을 일찍 발견한 덕분에 잘 계발시켜서 자기 분야에서 재능을 발휘하고 사회에 커다란 업적을 남길 수 있습니다. 어떤 사람은 아무리 훌륭한 잠재적인 재능을 지니고 있다 하더라도 발견하지 못하여서 영영 싹을 틔우지 못하기도 합니다.

사회는 청소년의 잠재적인 재능을 일찍 발견해서 키워내야 할 책임이 있습니다. 청소년기는 바로 가정에서건 학교에서건 사회에서건 잠재적인 재능을 발견하는 시기입니다. 예전에는 할아버지

할머니와 아버지 어머니, 형제자매들이 한 집안에서 함께 살았는데, 가정에서는 바로 할아버지 할머니가 여러 손자 손녀를 돌보면서 저마다 타고난 성품과 재능을 발견하는 역할을 하였습니다. 마을에서는 마을 어른들이나 또래 집단에서 재능을 알아보았습니다. 나무를 잘 탄다든지, 몸이 재빠르고 재간이 있다든지, 익살을 잘 부리고 우스갯소리로 남을 즐겁게 한다든지, 노래를 잘한다든지, 물건을 잘 만들거나 고친다든지, 하여간에 어떤 재주나 솜씨가 있으면 나름대로 인정을 받았습니다. 그리하여 자기 재능을 살려서 직업을 얻거나 일상생활의 여러 필요한 분야에서 솜씨를 보여서 사회공동체가 잘 유지되도록 하였습니다.

그런데 현대사회는 물질문명과 기술, 공업이 발달하면서 몸으로 하던 갖가지 재능이 쓸모없게 되었습니다. 그리고 학교에서나 사회에서도 여러 타고난 재능을 살릴 필요가 없게 되었습니다. 오직 학교 학업성적만으로 재능을 평가하고 측정하게 되었습니다. 그래서 학업성적을 올리기 위해 온갖 학원과 선행학습이 생겨났고 학생들의 개성을 누르고 공부만 잘하라고 강요합니다. 그래도 청소년은 자기 재능을 찾아내는 것이 중요합니다. 어쩌면 컴퓨터와 인공지능이 더 발달하면 자기만의 고유한 재능과 개성을 살리는 것이 사람답게 사는 길이 될지도 모르기 때문입니다.

삶도 늙을 때까지,
배움도 늙을 때까지

活到老 學到老
【활도로 학도로】

"아는 사람만이 착한 사람, 사람답게 사는 사람이 될 수 있어요."

고대 헬라스의 철학자 소크라테스는 철학이라는 학문을 상징하는 사람입니다. "너 자신을 알라!"라는 격언으로도 유명하지요? 이 말은 원래 헬라스 델피의 아폴론 신전에 씌어 있던 글귀라고 합니다. 소크라테스가 자기 철학을 하는 방법으로 써먹으면서 역사에 길이 남는 명언이 되었답니다.

소크라테스는, 사람은 옳고 그름을 알아야 사람답게 살 수 있으며, 지혜를 찾는 일이 사람에게 가장 고귀한 일이라고 생각했습니다. 그래서 사람의 앎은 사람의 가장 고귀한 힘이라고 여겼습니다. 아는 사람만이 착한 사람, 사람답게 사는 사람이 될 수 있다고 하였습니다.

그리고 소크라테스와 관련하여 흔히 '악법도 법'이라고 말했다고 하는데, 사실이 아닙니다. 소크라테스는 악법도 법이라고 딱 부러지게 말한 적이 없습니다. 소크라테스가 스스로 묻고자 한 것은 나라(폴리스)가 내린 선고가 나에게 불리하다고 해서, 또는 내가 받은 선고가 억울하다고 해서 회피해도 옳은가 하는 문제였습니다. 소크라테스 생각에는 사람들이 저마다 불리한 심판이라고 생각될 때 피해버린다면 나라는 지탱할 수 없습니다. 그래서 이 문제를 깊이 생각해보았던 것입니다.

소크라테스를 주인공으로 삼은 우스개랍니다. 소크라테스가 아테네 법정에서 사형 선고를 받고 집행 날짜를 기다리는데 마침내 그날이 왔습니다. 그날 소크라테스와 함께 사형을 받게 된 죄수가 있었습니다.

죄수는 집행을 기다리면서 마지막으로 자기 고향에서 어릴 때 부르던 노래를 구성지게 불렀습니다. 노래가 끝나자 소크라테스가 말했습니다.

"선생, 다시 한번 그 노래를 불러보지 않겠소?"

죄수가 말했습니다.

"뭐 하러 노래를 다시 하라고 하시오?"

"생전 처음 듣는 노래인데 참 아름답고 뜻이 깊습니다. 나도 한 번 배워보고 싶군요."

"참 딱도 하시오! 곧 죽을 몸이 배워서 뭐에 쓰겠소?"

소크라테스가 의뭉스럽게 말했습니다.

"죽기 전에 하나라도 더 알고 죽으려고요."

너 자신을 알라!
세상에서 이것만큼
힘든 일이 없지.

수많은 학파가
학설을 다투다

百家爭鳴

【백가쟁명】

"다른 사람의 다양한 생각을 인정해야 개인도 사회도 발전할 수 있어요."

서기전 770년부터 서기전 221년까지 고대 중국은, 그 이전 수천 년 동안 저절로 생겨난 작은 나라 수백 개가 저마다 자라나고 있었습니다. 중국 대륙 여기저기 넓게 흩어져 있는 수백 개 나라를 하, 상, 주라는 왕조가 차례로 대표하였습니다.

주는 중국의 수많은 나라를 친척이나 가까이 믿는 신하에게 맡겨서 다스리게 하였습니다. 마치 큰집과 작은집의 관계처럼 말이지요. 그런데 오랜 세월이 지나자 서로 큰집 작은집으로 화목하게 지내던 나라들이 저마다 힘을 키우고 영토를 넓히면서 부딪치고 싸우게 되었습니다. 이렇게 수백 년 동안 나라들이 저마다 힘을 키우고 나라를 부유하게 만들어서 끝내는 자기 나라가 중국 전체를 차지하려고 싸우게 되자 중국을 대표하는 주나라의 말발이 먹혀들지 않고 힘이 통하지 않았습니다. 이렇게 수많은 나라가 수백 년 동안 서로 통일을 하려고 싸우던 시기를 춘추전국시대라고 합니다.

결국 서기전 221년에 진이 통일하였고, 진의 초대 황제는 시황제라고 불렸습니다. 흔히 역사에서 진시황이라고 부르는 황제입니다. 진이 통일하기 전 춘추전국의 여러 나라는 힘을 기르기 위해 인재를 널리 불러들였는데, 이들을 제자백가라고 합니다. 제자라는 말은 수많은 선생이라는 뜻이고 백가는 수많은 학파라는 말입니다. 수많은 선생과 학자들이 수많은 학파를 이루어서 저마다 자기 이론과 학문으로 어지러운 시대를 마감하고 평화롭고 통합된 시대를 열려고 하였습니다. 이렇게 서로 학파들이 자기 학설과 사상을 주장하면서 학문논쟁을 하던 문화 운동을 백가쟁명이라고 합니다.

1956년, 중국 공산당은 예술 발전, 과학 진보와 사회주의 문화 번영을 촉진하는 방침을 결정하면서 백화제방(百花齊放), 백가쟁명(百家爭鳴)을 내세웠습니다. 백화제방은 온갖 꽃들이 일제히 활짝 피었다는 뜻으로서 다양한 문화가 발전하는 형편을 말합니다. 한 사회가 건전하게 발전하려면 저마다 자기 학설과 사상, 문화와 예술을 자유롭게 펼칠 수 있어야 합니다. 서로 경쟁하는 학술과 문화, 예술이 사회에서 다양하게 생겨나고 발전하고 사라지는 가운데 사회가 진보하는 것입니다. 문화는 경쟁하는 가운데 살아남는 것과 사라지는 것이 저절로 정해지는 것입니다. 그러니 국가나 권력이 어느 한 학설, 어느 한 사상만 인정하고 나머지를 억누르고 통제해서는 안 됩니다. 문화는 자유로운 가운데에서 발전하기 때문입니다.

소머리를 눌러서
억지로 풀을 먹게
할 수는 없다

按牛頭吃不得草

【안우두흘부득초】

"아무리 좋은 일이라도
남에게 강요해서는 안 돼요."

염소는 물을 참 싫어합니다. 소를 끌고 물가로 가면 순순히 따라오고, 심지어 냇물에 들어가도 따라 들어오기도 합니다. 풀을 뜯어 먹으러 시내를 건너 반대편 기슭으로 가기도 하고 시냇물에 발을 담그고 둑에 난 풀을 뜯어 먹기도 합니다. 그런데 염소는 물 근처에도 가려고 하지 않습니다. 빗방울만 살짝 스쳐도 야단법석을 피웁니다. 그래서 염소를 물가에 끌고 갈 수는 있어도 물을 먹일 수는 없다고 합니다. 목에 줄을 묶어서 끌고 오면 발버둥을 치면서도 끌려올 수밖에 없지요. 그러나 주둥이를 눌러서 물에 갖다 대도 끝내 물을 먹지 않습니다.

흉기를 들고 목숨을 위협하면서 억지로 남에게 어떤 일을 하게 강요할 수는 있습니다. 그러나 흉기를 들어가면서까지 남에게 강요할 일이 무엇일까요? 분명 나쁜 일, 아주 못된 일, 인륜에 어긋나는 일일 것입니다. 설령 좋은 일이라 하더라도 상대방의 양심에 반하는 일을 억지로 하게 할 수는 없습니다. 그렇게 해서는 안 됩니다. 사람은 서로가 시민으로서 인격의 주체이기 때문에 저마다 자기 일과 생각과 자기 삶을 스스로 꾸려갈 권리가 있습니다. 이는 타고난, 아무에게도 내줄 수 없는 고유한 권리입니다. 아무리 좋은 일이라도 남에게 강요해서 할 수는 없습니다. 정말로 좋은 일이라면 상대방이 스스로 좋게 여기고 주체적으로 선택할 수 있도록 설득해야 합니다. 거기까지 해야지 그 이상으로 남에게 강요하거나 억압해서는 안 됩니다.

사람은 누구나 타고난 권리가 있습니다. 이것을 인권이라고 하지요? 인권 가운데 아주 중요한 것이 양심의 자유입니다. 아무도 폭력이나 권력으로 한 사람의 양심의 자유를 짓밟거나 빼앗을 수 없습니다. 자유는 평등과 함께 민주사회를 이루는 기둥입니다. 소머리를 눌러서 억지로 풀을 먹게 하거나 염소를 끌고 물가로 가서 물속에 주둥이를 집어넣어 물을 마시게 하는 것은 한 사람의 양심을 억지로 누르고 빼앗는 것을 비유합니다. 내가 남이나 사회에 해를 끼치지 않는 한 내 마음대로 행동할 자유와 권리가 있습니다. 마찬가지로 나는 남의 자유와 권리를 빼앗아서는 안 됩니다.

《 23일 》

금을 가까이하면
금과 같아지고
옥을 가까이하면
옥과 같아진다

挨金似金 挨玉似玉

【애금사금 애옥사옥】

"좋은 친구만큼
자신의 성장을 위해
중요한 것은 없어요."

사람은 태어나면 주위 환경에 따라 타고난 성품이 차츰 영향을 받아서 인격을 형성합니다. 사람이 주위의 환경에 영향을 받는 것에 관해서는 예로부터 속담과 격언이 많습니다.

'착한 사람과 함께 길을 가면 안개 속을 가는 것 같아서 옷은 젖지 않더라도 차츰 촉촉해지고 악한 사람과 함께 길을 가면 측간에 앉아 있는 것 같아서 옷은 더러워지지 않더라도 악취가 밴다.'

'착한 사람과 사귀면 난초가 있는 방에 들어간 것 같아서 오래되면 저절로 향이 배어들 듯이 착한 사람이 되고 나쁜 사람과 어울리면 생선가게에 들어간 것 같아서 오래되면 냄새가 찌들 듯이 겉으로 드러나지 않아도 저절로 나쁜 사람이 된다.'

'쑥이 갈대 사이에 자라면 저절로 곧게 된다.'

'주사(朱砂)를 가까이하면 붉은 물이 들고 먹을 가까이하면 검은

물이 든다.'

　이런 말들이 모두 이런 예입니다. 주사는 붉은빛이 나는 광물질
인데 수은 성분이 들어 있으며, 흥분을 진정시키고 살균 작용이 있
어서 옛날에는 아주 조금 넣어서 약으로 썼습니다. 그리고 도장을
찍을 때 쓰는 도장밥(인주)의 주요 원료입니다. 글씨를 쓰거나 사무
를 볼 때 옛날에는 도장을 많이 사용했으므로 도장밥을 늘 가까이
할 수밖에 없었고, 도장밥을 다루다 보면 손이나 옷에 묻게 마련이
었지요.

　감수성이 민감한 청소년 시절에는 또래 집단이나 연예인, 위인
과 같이 영향력이 있는 사람의 말이나 행동을 쉽게 받아들이고 이
것으로 자기 인격을 형성해 갑니다. 그러므로 훌륭한 인격을 갖추
려면 학식이나 성품, 인격이 뛰어난 사람이나 오랫동안 인류사회
에 영향을 미친 좋은 책을 통해 자기를 가꾸어가야 합니다. 또한,
내가 또래 동무들로부터 영향을 받듯이 나 또한 또래 동무들에게
영향을 미치는 만큼 내 삶을 충실하게 살아가는 것이 나를 중심으
로 한 사회를 아름답게 만들어가는 데 무엇보다도 중요합니다.

적당히 먹으면
의사가 필요 없다

八分飽 不就醫

【팔분포 불취의】

"욕구를 적절하게 절제하면
삶을 즐길 수 있게 돼요."

요즘은 매스미디어가 엄청나게 발달하여서 실시간으로 정보가 떠
돌아다니고 누구나 정보를 만들어내고 소비하는 사회가 되었습니
다. 그러다 보니 비슷한 내용이나 흔히 접할 수 있는 정보는 눈에
띄지 않아서 소비자의 눈길을 잡아놓기 위해 자꾸만 자극을 강하
게 하고 있습니다. 먹을거리가 부족했고, 먹을거리를 육체노동을
통해 직접 만들어내던 시절에는 먹을거리가 매우 중요했습니다.
그래서 먹을거리가 아주 귀한 대접을 받았습니다. 사람들은 몸을
움직이면 가만있을 때보다 훨씬 배가 고프고 칼로리가 많이 필요
하지요. 그러니 아무리 보잘것없고 거친 음식이라도 달게 먹을 수
밖에 없었습니다.

    그런데 물질문명과 산업문명이 발달하면서 육체노동이 점점 줄

어들고 움직일 일이 별로 없어진 현대사회에서는 시장기가 밥을 먹도록 하는 것이 아니라 오로지 맛이 밥을 먹게 합니다. 그래서 모든 음식이 입맛을 자극하려고 점점 달고 짜게 바뀌었고, 우리 입맛도 단맛과 짠맛에 길이 들어서 웬만한 음식은 심심하고 슴슴해서 맛을 느끼지 못하거나 맛이 없다고 여기게 되었습니다. 그리고 단맛과 짠맛은 자꾸 입맛을 자극해서 과식을 부르고 덜 움직이고서 칼로리가 높은 달고 짠 음식을 많이 먹다 보니 사람들이 자꾸 뚱뚱해집니다. 거기에 따라 전에는 흔치 않던 온갖 질병이 생기고 있습니다. 사람들의 병은 잘못된 섭생에서 비롯하는 것이 많습니다. 거의 모든 질병이 섭생의 부조화에서 생긴다고 해도 지나친 말이 아닙니다. 적당히 먹으면 의사가 필요 없다는 말의 중국 격언을 그대로 우리말로 옮기면 '80% 배를 채우면 의사에게 가지 않는다'는 말입니다.

이는 중국 사람만의 지혜가 아닙니다. 일본에도 '배는 팔 할만 채우라'는 말이 있습니다. 욕구는 적절히 채우고 절제를 해야 합니다. 욕구를 100% 채워버릇하면 모든 일에 만족을 모르고 욕구를 점점 키워나가게 됩니다. 욕구는 한이 없습니다. 적절히 채워서 만족을 느낀다면 자기가 얻은 것으로 충분히 삶을 즐겁게 누릴 수 있습니다.

측은하게
여기는 마음

惻隱之心

【측은지심】

"우리 주변의 어려운 이웃에게 따뜻한 관심을 기울여주세요."

중국 고대 전국시대 때 살았던 맹자(기원전 372~289년)는 공자(기원전 551~479년)의 사상을 이어받아 발전시켜서 한국, 중국, 일본 동아시아 유교 문화의 기틀을 마련한 철학자입니다. 맹자는 공자가 살던 때보다 훨씬 전쟁이 치열하고 참혹한 시대를 살았습니다. 이전에는 전차에 탄 장수가 창이나 활로 적을 거꾸러뜨리면 승패가 갈렸으나, 전국시대가 되면 서로 싸우는 두 나라 또는 이에 가담한 두세 나라가 맞붙어 싸워서 이긴 쪽은 진 쪽의 수많은 포로를 사로잡아서 죽이고 성을 허물어뜨렸습니다.

전국시대를 마감한 진나라는 어느 전투에서 포로로 사로잡은 적의 군사 수십만을 모두 산 채로 묻어 죽였다고 합니다. 우리나라도 한국전쟁 때 수십만 명에서 100만 명에 이르는 무고한 양민이 전쟁 전 또는 전쟁 도중에 불법으로 학살되고 매장되기도 하였습니다. 전쟁은 이처럼 사람으로서 차마 할 수 없는 일들을 아무렇지도 않게 하도록 합니다.

맹자가 살던 때는 그야말로 날마다 전쟁으로 해가 뜨고 해가 지던 시대였던 것입니다. 오죽하면 맹자가 전쟁 때문에 사람들이 얼어서 죽거나 굶어 죽은 시체가 길바닥에 나뒹굴고 구렁을 메운다고 하였겠습니까! 성을 빼앗으려고 공격하여서 사람을 죽이면 성으로 하여금 사람을 잡아먹게 하는 격이고 땅을 빼앗으려고 전쟁을 벌이면 땅으로 하여금 사람을 잡아먹게 하는 격이라 하였습니다.

그러니 맹자는 어떻게 사람이 사람답게 사는 사회를 만들 수 있을까 고민하였습니다. 맹자는 이렇게 전란이 계속되어서 사람이고 짐승이고 살 수 없는 사회를 마감하고 사람이 사람답게 사는 세상을 만들려면 땅에 욕심을 내고 세상을 지배하려는 왕이 아니라 인민을 자기 자식처럼 사랑하는 사람이 왕의 자리에 올라야 한다고 생각했습니다. 맹자는 바로 참다운 왕, 왕다운 왕이 세상을 다스려야 한다고 하였습니다. 맹자는, 왕다운 왕이 나올 수 있는 까닭은 바로 사람에게는 누구나 사람다움을 결정하는 네 가지 마음이 있기 때문이라고 합니다. 네 가지 마음은 측은히 여기는 마음, 자기 잘못을 부끄러워하고 남의 잘못을 미워하는 마음, 남에게 사양하는 마음, 옳고 그름을 가리는 마음이라 합니다.

이 가운데 가장 바탕이 되는 마음이 측은히 여기는 마음입니다. 측은히 여기는 마음이란 남의 안타까운 형편을 보았을 때 저도 모르게 치밀어 오르는 불안한 마음입니다. 맹자는 이런 예를 듭니다. 세상 물정을 모르는 어린아이가 우물로 기어가는 모습을 보면 누구나 깜짝 놀라 왈칵 안타깝고 불안한 마음이 생겨서 구해주려 한다고 합니다. 이런 마음은 아이 부모에게 고마운 인사를 듣기 위해서도 아니고 주위 사람들에게 칭찬을 듣기 위해서도 아니고 아이의 위급한 형편을 보고서도 구해주지 않은 모진 사람이라는 평판을 듣지 않으려는 것도 아니라고 합니다. 그야말로 자기도 모르게 나오는 마음으로서 사람의 가장 기본적인 사람다운 마음씨라고 합니다. 이 마음을 잘 발휘하고 키워나가면 착한 사람이 되고 저마다 이런 마음씨를 키워나가면 사람답게 살 수 있는 사회가 된다고 합니다.

가장 큰 열매는
먹지 않는다

碩果不食

【석과불식】

"뭐라도 남과 나누려는 마음가짐이
사람을 사람답게 만드는 미덕이랍니다."

까치밥이라는 것이 있습니다. 늦가을 감을 따다가 맨 꼭대기에 한 두 개 따지 않고 남겨두는 것을 말합니다. 까치나 다른 새들이 파 먹으라고 남겨두는 것이지요. 왜 많은 과일 가운데 하필이면 감을 까치밥으로 남겨둘까요?

감은 늦가을에 다른 과일을 거의 다 딴 뒤에도 잎사귀가 다 진 나뭇가지에 매달려서 파란 하늘에 빨간 무늬를 수놓지요. 감은 또 무르고 달아서 새들이 쪼아 먹기도 좋지요. 새들은 사과나 배나 감 이나 가리지 않지만 굳이 감을 까치밥으로 남겨 놓는 것은, 옛날에 감은 사과나 배와 달리 과일 농사로 대규모로 짓지는 않았기 때문 이 아닐까 생각합니다. 사과나 배는 과수원에서 많이 수확하여 팔 았지만 감은 집집마다 울타리나 담장 뒤에 한두 그루씩 심어서 곳

감을 만들어두었다 제사에 쓰기도 하고 수정과나 떡에 넣기도 하고 홍시로 익으면 아이들 따먹는 정도로 두었지요. 그리고 무엇보다도 감나무는 나뭇결이 물러서 잘 부러진답니다. 감을 따러 나무에 함부로 올라가다가는 제법 큰 가지라도 쭉 찢어져서 떨어질 수 있습니다. 감을 따다 가지가 부러져서 다쳤다는 소리는 어릴 때 심심찮게 들었습니다. 아무리 탐나더라도 높은 가지 끝에 있는 감까지 따겠다고 욕심을 부리다가는 다치니까 적당히 따고 나머지는 새라도 쪼아 먹게 남겨두라고 하였던 것입니다.

가장 큰 열매는 먹지 않는다는 말은 동양고전인 『주역』에 나오는 말입니다. 옛날 농부들은 가장 큰 열매, 가장 탐스러운 이삭은 먹지 않고 남겨두었답니다. 이듬해 씨앗으로 삼으려고 말이지요. 그리고 좋은 열매나 이삭일수록 남을 위해 남겨둘 줄도 알아야 한다고 생각했습니다. 고대 이스라엘 사람들도 수확을 하다가 밭에 떨어진 곡식은 일일이 줍지 않았다고 합니다. 고아나 홀로 사는 여자들이 가져가게 말이지요. 뭐라도 남과 나누려는 마음가짐이 사람을 사람답게 만드는 미덕입니다.

개가
꽃에 오줌을 누고서
자랑을 한다

狗尿花 自己夸

【구뇨화 자기과】

"스스로 노력하지 않고 얻은 재물이나 힘을 자랑하는 건 바보짓이에요."

개가 꽃에다 오줌을 누고서 자랑을 하다니요? 별꼴이네요. 별것 아닌 일을 해놓고 의기양양하게 뽐내며 우쭐대는 사람을 빗댄 말이랍니다. 사람은 누구나 남들에게 자기를 돋보이게 하고 싶은 마음을 갖고 있습니다. 남에게 인정을 받으려 합니다. 인정을 받고 싶은 마음은 배고플 때 먹고 싶고, 졸릴 때 자고 싶고, 이성 짝을 찾고 싶은 마음처럼 사람의 본능 가운데 하나라고 하는 학자도 있습니다.

그만큼 남에게 인정을 받고 싶은 마음이 우리를 지배하고 있다는 말이지요. 자기 힘으로 인정을 받을 만한 실력을 갖지 못하면 남을 시기하고 질투하고 끌어내려서 자기를 높이려고도 합니다. 정당한 방법으로 공정한 규칙에 따라 실력을 겨루어서 인정을 받아야 하는데 사회는 결코 그렇지 않지요. 부모에게서 막대한 재산을 땀 한 방울 안 흘리고 물려받아서는 가난한 사람들 앞에서 으스대고 고가사치품을 사느라 돈을 물 쓰듯 흥청망청 쓰면서 돈 많은 부모를 만난 것도 실력이라는 한심하고 어이없는 말을 하는 철없는 청소년도 있습니다.

　사실, 어느 사회라도 살기 좋은 사회, 정의로운 사회는 누구나 공평하게 기회를 얻는 사회입니다. 저마다 갈고닦은 실력으로 인정받을 수 있는 사회입니다. 100미터 달리기를 하면서 누구는 출발선에서, 누구는 50미터 앞에서, 누구는 심지어 8, 90미터 앞에서 출발한다면 달리기가 되겠습니까? 그리고 남들보다 앞에서 출발해 놓고 1등이나 2, 3등을 했다고 해서 자랑스러울까요? 제힘으로, 스스로 노력하지 않고 얻은 재물이나 힘을 자랑하는 것은 부끄러운 일입니다. 우리 사회에서 때로는 정당한 방법보다 부정한 방법이 더 힘을 얻을 때도 있지만 그래도 사람들이 사는 사회는 옳은 방향으로 나아가야 한다는 믿음을 잃어서는 안 됩니다.

오리가
물에 뛰어들면
주둥이가 바쁘다

鴨子下水-嘴忙

【압자하수-취망】

"번지르르한 말보다는
실천이 정말 중요해요."

오리가 물에 들어가면 열심히 주둥이를 물속에 처박고 물고기나 물풀을 찾듯이 쉴 새 없이 입을 놀려서 남들이 말할 틈을 주지 않고 자기 말만 하거나, 말만 앞세우고 실은 아무것도 할 줄 모르거나, 말만 크게 떠벌리는 사람을 꼬집은 말입니다. 말만 번지르르하게 하는 사람은 실속이 없고 믿음직하지 않습니다. 이 세상에서 자기가 한 말을 100% 책임질 수 있는 사람은 아무도 없을 것입니다. 어느 나라나 정치인(국회나 지자체 의원)을 가장 믿지 못한다고 합니다. 왜 그럴까요?

선거 때는 유권자의 표를 얻으려고 온갖 선심을 쓰고 유권자의 이익을 위해 일을 하겠다고 약속하고서는 막상 당선되어 국회의원이나 지자체 의원이 되면 자기나 자기 친인척의 이익을 챙기기도 하지요. 무언가 남에게서 원하는 것을 얻으려면 상대방이 듣기에 달콤한 말을 해주어야 합니다. 그러므로 말이 번지르르하고 듣기 좋은 말일수록 새겨서 듣고 말 뒤에 숨어 있는 속셈을 읽어야 합니다. 듣기 좋은 말이나 번지르르한 말을 들을 때에는 그 말대로 되었을 때 누구에게 유리한지 따져 보아야 합니다. 말을 앞세우기보다 실천을 앞세워야 합니다.

자라는 것을
돕는다

助長

【조장】

"모든 일을 계획대로 이루려면
차분하게 과정을 밟아나가야 해요."

꽃이나 나무를 길러보았나요? 나무는 말할 것도 없고 꽃이나 곡식의 씨앗을 심어서 꽃을 피우거나 열매를 거둬들이려면 오랜 시간 참고 견뎌야 합니다. 꽃이나 곡식의 씨앗을 뿌리면 여러 날이 지나야 겨우 싹을 틔웁니다. 품종에 따라서는 싹이 트려면 며칠에서 몇 주, 심지어 나무의 열매는 몇 달이 걸리기도 합니다. 막상 싹이 터도 자라는 것은 더욱 감질나게 합니다. 날마다 들여다보면 더욱더 더디게 자라는 것처럼 보입니다.

옛날 중국 송나라에 어떤 농부가 있었습니다. 농부는 남들처럼 이른 봄에 곡식 씨앗을 뿌렸습니다. 곡식이 싹이 터서 땅을 뚫고 나왔습니다. 곡식의 어린싹이 밖으로 고개를 내밀자 신기하고 기뻐서 날마다 밭에 나가 어린싹을 돌보았습니다. 그러다가 이웃집

밭을 보니 그 밭의 곡식은 자기 밭의 곡식보다 훨씬 빨리 훨씬 크게 자라 있는 것이 아니겠습니까? 자기 밭의 곡식은 싹이 자라는 것이 너무나 더뎌서 조바심이 났습니다. 그래서 막 고개를 내미는 이삭을 빨리 자라도록 도와주려고 조금씩 쏙쏙 뽑아 올렸습니다. 너른 밭의 곡식을 모두 그렇게 자라도록 도와주자니 얼마나 고되었을까요! 녹초가 되어서 집에 돌아와 식구들에게 자랑스레 말을 늘어놓았습니다.

"아! 오늘은 정말 피곤하다. 내가 곡식이 빨리 자라도록 도와주고 왔다."

이 말을 들은 아들이 깜짝 놀랐습니다. 아버지가 어떻게 곡식이 빨리 자랄 수 있도록 도울 수 있단 말인가? 곡식은 때가 되어야 싹이 트고 잎이 자라고 꽃이 피고 열매가 맺는데 말입니다. 그래서 얼른 밭으로 달려가 보았습니다. 그랬더니 웬걸요! 뽑혀 올라온 이삭은 금세 말라버리고 말았습니다. 『맹자』라는 책에 나오는 이야기입니다.

자라는 것을 돕는다는 말에서 어떤 일을 할 때 빨리 성과를 거두려고 정상적인 순서나 과정을 어기고 끼어들어서 손을 쓰는 것을 조장이라고 합니다. 물론 일을 할 때 빨리 서둘러야 할 일도 있지만 급한 일이라도 과정을 건너뛰거나 순서를 무시해서는 일을 망칩니다. 빨리 무언가를 이루려고 설칠수록 더 일을 망칩니다. 급할수록 돌아가라는 말도 있지 않습니까? 정말 돌아가라는 말이 아니라 그만큼 서두르거나 흥분하지 말고 차분하게 과정을 밟아 나아가라는 말이지요.

그리고 우리가 아무리 계획을 잘 세운다고 해도 반드시 계획대로 성과를 얻는 것은 아닙니다. 그러니 미리 성과를 얼마만큼 거두겠다고 단정도 하지 말고, 일이 더디게 진행된다고 해서 아예 포기하거나 잊어버리지도 말고, 성과를 앞당기려고 무리하게 손을 써도 안 됩니다. 모든 것은 적절한 때가 있으니까요. 물도 반드시 100도가 되어야 끓기 시작하고, 얼음은 0도가 되어야 얼 듯이 말입니다.

개는
똥 먹는 버릇을
고치지 못한다

狗改不了吃屎

【구개불료흘시】

"어릴 때부터
좋은 습관을 들이도록
노력하세요."

아버지에게서 들은 옛날이야기입니다. 옛날에 어떤 농부가 있었는데, 찢어지게 가난했더랍니다. 아무리 일을 해도 살림은 조금도 나아질 기미가 보이지 않았답니다. 다 된 밥에 코 빠뜨린다는 격으로 잘 되어가던 일마다 잘 되어가다가도 끝에 가서는 꼭 무슨 일인가 생겨서 망쳐버렸답니다.

그러던 어느 날, 시주를 얻으러 다니던 스님이 찾아왔습니다. 농부는 없는 살림에도 스님에게 시주를 하고 지푸라기라도 잡는 심정으로 궁핍을 벗어날 방법이 없는지 물었습니다. 스님은 농부를 물끄러미 보더니 말했습니다.

"시주님은 무슨 고민이라도 있나요?"

농부가 대답했습니다.

"아무리 1년 내내 농사를 지어도 입에 풀칠하기도 어렵고, 평생 지지리 궁상을 벗어나기 어려우니 무슨 뾰족한 수라도 없을까요?"

스님은 한참 농부를 보더니 말했습니다.

"시주님! 시주님은 혹시 무슨 독특한 버릇이 있지 않은가요?"

농부는 머리를 긁적이며 한참 생각하더니 겸연쩍게 말하였습니다.

"실은, 잠잘 때 다리를 포개서 잔답니다. 어릴 때부터 그런 버릇이 있어서 돌아가신 아버지로부터 꾸중도 많이 들었고, 아내한테 잔소리도 많이 듣지만 당최 고쳐지지 않는답니다."

스님이 진중하게 말했습니다.

"소승의 말을 잘 들으시오. 이제부터 주무실 때 절대 발을 포개지 말고 가지런히 펴서 주무십시오. 그러면 일이 잘 풀릴 겁니다."

스님이 간 뒤 농부는 스님의 가르침대로 오늘 밤부터 발을 가지런히 펴놓고 자야지 하고 철석같이 결심을 했습니다. 그런데 다음 날 일어나보니 발이 그전대로 포개져 있었습니다. 며칠 동안 밤마다 굳게 결심을 하고 잠을 잤지만 이튿날 아침에 보면 어김없이 발이 포개져 있었습니다. 이 궁리 저 궁리를 하다 마침내 아내에게 부탁하여 밤에 잘 때 두 가랑이 사이에 목침을 끼우고 다리를 묶게 하였습니다. 그러고부터 정말 살림이 불 일 듯 일어서 도무지 안 될 것 같던 일도 술술 풀리고 분명히 손해 볼 듯한 일도 커다란 이익을 가져왔습니다. 이제 인근 고을에서도 소문난 부자가 되었습니다.

그러다 어느 날 밤, 잠을 자려고 여느 때처럼 종아리 사이에 목침을 넣고 묶으려다 문득 내가 왜 아직도 이런 바보 같은 짓을 해야 하나, 하고 마음이 흐트러졌습니다. 이제 살 만큼 살게 되었으니 설령 앞으로 까먹는다 하더라도 자식들에게 한몫 물려주고 남은 재산이면 아내하고 두 사람 설마 입에 풀칠이야 하려고, 하는 생각이 든 것입니다. 그리고 2, 30년 종아리를 묶고 잤으니 이제는 목침을 끼우지 않더라도 다리를 가지런히 하고 잘 수 있겠지 하는 생각도 들었겠지요.

그런데 웬걸, 다음 날 아침에 일어나보니 다리는 저절로 포개져 있었습니다. 그리고 포갠 다리가 더 자연스럽게 느껴지기도 했습니다. 그래서 그 뒤로 다리를 포갠 채 잠자는 옛 버릇이 그대로 돌아왔습니다. 그런데 정말, 그때부터 재산이 새나가기 시작했습니다. 자잘한 사고가 큰 손해를 끼치고, 사소한 다툼과 시비 끝에 큰 배상을 하게 되고, 대수롭지 않은 병으로 짐승이 죽어 나가는 등 크고 작은 일로 재물이 눈에 띄게 줄어들었습니다. 마침내 처음 궁

핍했던 때만큼 가난해졌습니다. 농부는 다시 종아리를 묶고 다리를 가지런히 하고 잠을 잘까도 생각했습니다만 다 부질없다는 생각이 들어서 마음 편한 대로 다리를 포개고 자기로 했답니다. 스님이 정말 무슨 예언의 힘이 있어서 농부의 버릇을 꿰뚫어 보고 해결책을 주었을까요?

농부가 못사는 까닭은 정말로 다리를 포개고 자는 독특한 버릇 때문이 아니라 다리가 뒤얽혀 있으니 잠을 편히 자지 못하고, 잠을 깊이 자지 못하니 전날 쌓인 피로가 풀리지 않고 새로운 기력이 생기지 않으며, 다음 날 일하는 데 지장이 있어서 일을 잘 못 했기 때문이겠지요. 그리고 사람들은 일이 잘 안 될 때, 나쁜 일이 생길 때 자기 스스로에게 원인을 찾기보다 다른 데 원인을 돌리려는 버릇이 있습니다. 그래서 스님도 농부에게 버릇을 고침으로써 일이 잘 풀릴 것이라는 자기암시를 갖게 했던 것입니다. 세 살 버릇 여든까지 간다는 속담처럼 한 번 습관으로 굳어지면 고치기 어렵습니다. 그러므로 처음 좋은 버릇을 들이는 것이 행실을 바르게 갖는 데 무엇보다도 중요합니다. 기왕이면 좋은 버릇, 바람직한 버릇을 들여서 주위로부터도 좋은 평가를 받고 스스로 몸가짐도 바르고 반듯하게 된다면 훌륭한 사람이 될 수 있겠지요.

재능을
일찍 드러내지 않고
숨겨서 충실히 기른다

韜晦

【도회】

"재능이 있다면
충실해지도록 다지는 시간이
필요해요."

韜(도)는 활이나 칼을 넣어두는 가죽으로 만든 물건입니다. 晦(회)는 그믐을 나타내는 글자입니다. 활이나 칼은 집에 든 상태에서는 써먹을 수 없으며, 겉으로 보기에는 아무런 힘을 드러내지 못할 듯합니다. 그리고 그믐은 한 달의 마지막 날이니 달이 전혀 나타나지 않는 날입니다. 그러나 바로 그믐 다음날부터 달은 또 커지기 시작하지요. 활집, 칼집을 나타내는 글자와 그믐을 나타내는 글자를 합하여 만든 도회라는 말은 본래의 힘이나 면모를 숨기고서 충실히 기른다는 뜻입니다. 칼을 잘 벼려서 칼집에 넣어두었다가 써야 할 일이 생기면 칼집에서 뽑아 듭니다. 그믐 때까지 이지러진 달은 그믐날 빛을 완전히 감추었다가 다음 날인 초하루부터 빛을 내기 시작합니다.

조선 시대 초에 천재로 소문난 김시습은 말을 배우기도 전에 글자를 알았다고 합니다. 하도 천재로 소문이 나서 당시 재상까지 그를 찾아보았고 마침내 소문이 궁궐에까지 알려졌습니다. 세종대왕이 대통령 비서실에 해당하는 승정원에 다섯 살 난 김시습을 불러서 시험해보게 했습니다. 김시습은 승지의 무릎에 앉아서 승지가 건네는 말에 곧바로 대구를 대었다고 합니다. 옛날에는 글재주를 시험할 때는 시험하는 이가 주제를 제시하거나 다섯 글자나 일곱 글자로 한문 시구를 꾸밀 수 있도록 운을 떼면 거기에 맞춰서 내용이 짝이 되도록 답을 해야 합니다.

김시습이 보인 글재주를 예로 들어볼까요? 허조가 김시습에게 말했습니다.

"나는 늙었으니 늙을 로자로 글귀를 지어보아라."

김시습이 즉각 대답했습니다.

"늙은 나무에 꽃이 피었으니 속은 늙지 않았네(老木開花心不老)."

승정원에서 시험 볼 때 승지가 말했습니다.

"네 이름이 김시습이니 이 글자를 넣어서 글을 지어보아라."

김시습이 이렇게 답했습니다.

"올 때는 강보에 싸인 김시습이었네요(來時襁褓金時習)."

승지가 병풍을 보고 글귀를 지어보라고 하자 다음과 같이 글을 지었습니다.

"작은 정자와 배 안에는 누가 있는가(小亭舟宅何人在)?"

세종대왕이 김시습의 재능을 듣고서 이렇게 말했습니다.

"내가 친히 만나보고 싶지만 세상 사람들이 듣고 놀랄까 두렵다. 마땅히 부모에게 돌려보내서 재능을 깊이 감추고 잘 길러서 장성하고 학업이 성취하기를 기다려서 크게 쓰겠다."

임금이 만나보았다고 소문이 나면 세상 사람들 사이에 떠들썩하게 알려질 테지요. 그러면 수많은 사람이 김시습을 보러 찾아올 테니 김시습은 순식간에 진귀한 구경거리가 되고 말 테지요. 그리고 김시습의 재능을 시기하고 질투하는 사람도 많아지겠지요. 그렇게 되면 김시습이 착실하게 공부할 겨를이 있을까요? 누구나 뛰어난 재능을 지니고 있으면 나타내 보이고 싶은 마음이 생깁니다. 그러나 어린 나이에 너무 일찍부터 재능을 발휘하면 재능은 금방 말라 버립니다. 될성부른 나무는 떡잎부터 알아본다는 말이 있지만 떡잎이 튼실할수록 잘 돌보고 가꾸어서 크게 자라도록 해야지 떡잎 때부터 자꾸 건드려서는 안 됩니다. 잠재적인 재능을 알아보았다면 그 재능이 충실해지도록 다져야 합니다.

지나치거나
모자라거나

過猶不及

【과유불급】

"지나치지도 모자라지도 않은 중용의 지혜를 배우세요."

우리 속담처럼 쓰는 말에 '지나친 것은 모자란 것만 못하다'라는 말이 있지요? 이 말은 한자 말 과유불급에서 나왔지요. 그런데 과유불급의 원래 뜻은 조금 다르답니다. 어느 날 자공이라는 제자가 공자에게 물었습니다.

"선생님! 사(자장)와 상(자하) 가운데 누가 더 현명합니까?"

공자가 대답하였습니다.

"자장은 지나치고, 자하는 못 미친다."

자공이 또 물었습니다.

"그렇다면 자장이 더 낫겠군요?"

공자가 말했습니다.

"지나친 것은 모자란 것과 같다."

얼핏 보기에는 지나친 것이 모자란 것보다 나아 보이지요. 과일을 열 개 따야 하는데 열두 개를 땄다면 남은 두 개는 적절히 처리하면 되지만 여덟 개밖에 못 땄다면 두 개가 부족한 것이지요. 길을 갈 때 목적지를 지나갔으면 다시 되돌아오면 되지만 목적지에 도착하지 못했으면 영영 목적지에 이르지 못한 것이 되지요. 그래서 자공도 자장이 더 낫지 않은가 하고 물었습니다.

그런데 살다 보면 모자란 것은 더 노력해서 채우면 되지만 지나친 것은 수습하기 어려운 경우가 많습니다. 지나친 것이나 모자란 것이나 다 문제이지만 오히려 모자란 것이 문제를 덜 일으킨다는 것입니다. 사람들은 모자라면 나눠 갖거나 양보할 수 있지만 많으면 서로 더 많이 차지하려고 합니다. 재능이나 솜씨나 성향이나 넘치면 더 많은 문제를 일으킵니다. 그러나 지나친 것이나 모자란 것이나 바람직한 정도에서는 벗어난 것이지요? 동양에서는 중용을 최고의 지혜로 쳤는데, 지나친 것은 중용을 넘어선 것이고 못 미친 것은 중용에 모자란 것이지요. 무엇이든 중용을 지키는 것이 가장 바람직한 것입니다. 중용이란 그 시기나 상황에 가장 적절하고 적합한 정도를 말합니다.

말과 행동으로
모범을 보인다

言傳身教

【언전신교】

"말과 행동으로
친구들에게 모범을 보여 주세요."

아이들은 부모의 말을 듣고 자라는 것이 아니라 부모의 뒷모습을 보고 자란다는 말이 있습니다. 초등학교 교장으로 퇴임한 일본의 어느 선생님이 한 말이랍니다. 부모는 텔레비전 리모컨을 들고 방바닥에 앉거나 누워서 텔레비전만 보면서 아이에게 책을 보라고 한다거나 틈만 나면 컴퓨터로 게임을 하면서 아이에게 공부를 하라고 한다면 아이가 책을 보거나 공부를 할까요? 말만 앞세워서 꾸중하고 잔소리만 하지 말고 몸으로 같이 모범을 보여야 합니다.

교육의 한자 말 敎育은 가르치고 길러낸다는 뜻을 가지고 있습니다. 가르칠 敎(교) 자는 아이에게 학습 내용을 회초리로 쳐서 따르게 하는 모양입니다. 기를 育(육)은 지금 글자는 모양이 많이 바뀌었지만 처음 글자가 생겼을 때 모양은 어머니가 아기를 낳아 돌보는 모습이었다고 합니다. 그래서 교육이라 하면 주로 아이를 가르쳐서 모범이 되는 것이나 학습할 내용을 본받게 하고 가르침대로 자라나도록 길러내는 행위를 가리키게 되었습니다. 옛날에는 동양이든 서양이든 교육을 할 때 매나 회초리를 사용하였습니다. 조선 후기 풍속화로 잘 알려진 단원 김홍도의 유명한 '서당' 그림을 보면 그림의 가운데 위에 훈장이 크게 그려져 있고 매를 맞고 우는 아이가 훈장 바로 앞에 앉아 있지요. 옛날에 서당에서 글을 배울 때는 날마다 훈장 앞에 돌아앉아서 전날 배운 내용을 외어야 했다고 합니다. 잘 못 외우면 그림의 아이처럼 회초리로 종아리를 맞고 울어야 했겠지요?

그런데 어떤 교육이든 때려서 가르치려 들어서는 효과가 제대로 나지 않는다고 합니다. 교육의 중요한 부분을 차지하는 인성 교육은 특히 그러합니다. 인성 교육은 남들과 어울려서 평생 사람다운 삶을 잘 살아가는 기술, 곧 삶의 습관이나 사람과 관계를 맺는 방법, 사람 됨됨이와 같은 성품을 기르는 교육이기 때문에 다른 모든 교육보다도 가장 근본이 되고 핵심이 되는 교육입니다. 지식은 머리로 터득하면 되지만 인성은 마음가짐과 행동으로 나타나기 때문에 몸에 익혀야 합니다. 말하자면 좋은 습관으로 형성되어야 합니다.

그러므로 인성 교육은 지식 교육과 달라서 짧은 시간에 집중적으로 가르칠 수 있는 것이 아닙니다. 좋은 습관, 좋은 행동, 좋은 마음가짐을 익히려면 오랜 세월 동안 좋은 스승의 모범을 따라야 합니다. 어려서는 가정에서 아버지 어머니의 모범을, 자라서는 유치원이나 학교에서 교사의 모범과 이웃 사회에서 어른의 모범을 생활 속에서 접하며 익혀야 합니다. 특히 어떤 형태이든 교육에 몸담은 사람은 말과 행동이 모두 아이에게 드러나 있으며, 이런 사람의 말과 행동은 고스란히 아이에게 영향을 미칩니다. 그러므로 교사에게는 엄중한 책임이 있습니다. 사소한 행동과 말, 몸가짐 하나하나가 아이에게 교육이기 때문입니다. 뿐만 아니라 아이들 사이에서도 나의 말과 행동은 남에게 영향을 미치며, 남의 말과 행동은 곧바로 나에게 영향을 미칩니다.

길에서 듣고
길에서 말한다

道聽塗說

【도청도설】

"거짓 정보를 가려내는
비판적인 안목을 기르세요."

옛날이나 지금이나 정보는 큰 힘을 가지고 있습니다. 새로운 정보를 빨리 알수록 변화하는 상황에 얼른 대처할 수 있으며, 관련 정보를 많이 알수록 올바른 판단을 할 수 있습니다. 옛날에는 정보가 생겨나는 것도 퍼지는 것도 느렸고, 입에서 입으로 전해지다 보니 왜곡되거나 과장된 정보도 많았으며, 심지어 거짓 정보도 많았습니다. 그래서 잘못된 정보를 곧이곧대로 믿다가 낭패를 보고 남에게 잘못 전해서 엉뚱한 일을 벌이기도 하였습니다.

정보가 실시간으로 오간다는 현대사회에서도 왜곡된 거짓 정보는 끊임없이 생겨나서 돌아다니고 있습니다. 인터넷으로 누구나 정보를 만들어내고 정보를 퍼뜨릴 수 있는 현대사회야말로 더욱 잘못된 정보, 거짓 정보가 활개를 치고 있습니다. 그리고 사회가 어지럽고 살림살이가 어려울수록 거짓 정보에 솔깃해지기 쉽습니다. 유언비어나 나쁜 의도를 가지고 퍼뜨린 잘못된 정보에 자기의 불만을 집어넣어서 생각하기 때문입니다. 내가 잘못된 원인을 나에게서 찾기보다는 남에게 돌리거나 바깥의 사정에서 찾는 것이 더 쉽고 내 마음이 덜 괴롭기 때문입니다.

그러므로 정보화 사회에서 가장 중요한 자질은 정보를 거를 줄 아는 눈입니다. 비슷하면서 조금씩 다른 수많은 정보가 떠돌 때, 그럴듯하면서 실은 근거가 없는 왜곡된 정보나 거짓 정보가 돌아다닐 때 그 가운데에서 올바른 정보를 걸러낼 줄 알아야 합니다. 그러자면 정보를 얻었을 때 정보가 전해주는 내용을 사리에 맞게 판단하는 안목이 필요합니다. 이런 안목은 좋은 책을 폭넓게 읽고 많은 사람과 접하고 믿을 만한 사람의 판단을 참조하며 무엇보다도 어떤 정보나 어떤 지식이라도 곧이곧대로 받아들이지 말고 반드시 비판적으로 보는 것이 중요합니다. 비판은 옳고 그름을 가리는 첫걸음입니다.

소에게
거문고를 들려주다

對牛彈琴

【대우탄금】

"다른 사람을 설득하려면
상황에 맞는 다양한 방법을 사용해야 해요."

아무리 이치에 맞게 타일러도 도무지 알아듣지 못하거나 남의 올바른 충고를 아랑곳하지 않고 끝까지 자기 고집을 부리는 일을 일컬어 '소귀에 경 읽기'라고 하지요. 우리 속담 '소귀에 경 읽기'에 해당하는 중국 속담은 '소에게 거문고를 타서 들려준다'는 뜻의 말을 씁니다. 원래 이 말은 유래가 있답니다.

　중국 후한 때 불교가 들어왔습니다. 불교를 공부하여 통달한 모융이라는 사람이 불교의 교리를 사람들에게 전하였습니다. 그런데 불교 교리를 해설할 때 걸핏하면『시경』,『서경』같은 중국 고전을 들먹였습니다. 그래서 듣는 사람들이 물었습니다.
　"왜 선생님은 불교를 알려준다면서 중국 고전을 말씀하십니까?"
　모융이 다음과 같이 이야기하였습니다.

"옛날에 거문고를 잘 타는 공명의라는 사람이 있었습니다. 하루는 소 가까이에서 아름다운 음악을 연주하였습니다. 소는 너무나 아름다운 거문고 소리를 듣고도 아랑곳하지 않고 풀만 뜯었습니다. 공명의는 거문고로 앵앵하는 모깃소리를 냈습니다. 그러자 소는 귀를 쫑긋 세우고 발짝을 떼고 걸으며 꼬리를 이리저리 휘둘러 모기를 쫓는 시늉을 하였습니다."

모용의 말은, 사람들에게 불교의 고상한 교리를 아무리 설명해주어도 알아듣는 사람이 없기에 귀에 익숙하게 들었던 중국 고전을 빗대어 설명해주었다는 것입니다. 처음부터 어려운 이론을 말하면 알아듣기 어려우니 쉽고 익숙한 사물을 빗대어 설명해주면 이해하기 쉽습니다. 어떤 일이라도 상황에 맞추어 적절한 여러 방법을 동원해야 합니다.

지금은 '소귀에 경 읽기'나 '소에게 거문고를 들려주다'는 사리 분별을 하지 못하고 제 고집만 내세워서 아무리 타일러도 알아듣지 못하는 사람을 빗대거나 이런 사람에게 좋은 말로 충고하는 것은 헛수고라는 뜻으로 쓰입니다.

말은 뜻을 다
나타낼 수 없다

言不盡意

【언불진의】

"말 속에 숨은 뜻을
이해하려고 노력해야 해요."

사람은 말을 하지 않고서는 살 수 없습니다. 사람은 언어장애가 있는 사람이라 하더라도 어떤 방법을 사용하든 간에 자기 의사를 표현합니다. 말하자면, 말은 의사 표현 수단의 하나라고 할 수 있습니다. 우리는 어떤 사람을 처음 만났을 때, 그 사람이 무슨 생각을 하고 있는지 알 수 없습니다. 그러나 말을 주고받으면 서로 무슨 생각을 하는지 알 수 있지요. 사람은 말을 함으로써 문명을 일으키고 문화를 발전시켜 왔다고 합니다. 곧 사람은 말을 함으로써 다른 동물과 달리 사람이 되었다고 할 수 있겠지요.

그런데 사람들은 저마다 자기 생각을 합니다. 같은 대상을 보고 함께 이야기를 나누어도 서로 저마다 다른 생각을 합니다. 그래서 때로는 내가 하는 말을 과연 상대방이 정확하게 알아듣고 있을까

하고 의심하기도 합니다. 반대로 나는 지금 상대방의 생각을 정확하게 이해하고 있을까 하고 궁금하기도 합니다. 아주 단순한 물건을 가리켜서 말해도 말을 하는 사람의 생각과 말을 듣는 사람의 생각이 같으리라고 생각할 수는 없습니다. 우리는 말을 할 때 같은 단어를 쓰고 같은 대상을 가리켜서 말하지만 서로 다른 말을 하고 있는지도 모릅니다.

어떤 고명한 스님이 있었습니다. 제자들에게 선불교의 진리를 가르쳤습니다. 제자들은 수가 많지는 않았지만 스님 아래 모여들어서 열심히 가르침을 듣고 마음으로 탐구하였습니다. 달이 밝은 밤에는 뜰에 나가 앉아서 선의 진리를 토론하였습니다. 어느 날 밝은 밤이었습니다. 산들바람이 살랑살랑 불어오고 달빛은 은은히 사방을 비추어서 저마다 몽롱하게 낭만적인 감상에 젖었습니다. 풀벌레 소리가 어두운 그늘에서 들려왔습니다. 스님은 큰 나무에 기대고 앉아서 가르침을 전하였습니다. 제자 한 사람이 물었습니다.

"저희는 자주 달 아래에서 참선을 하였습니다. 저 달의 이치를 어떻게 깨달아야 합니까?"

스님이 대답했습니다.

"저 달의 이치를 알고 싶거든 이 손가락을 보아라."

그러고서 스님은 손가락 하나를 들어서 달을 가리켰습니다. 제자들은 어안이 벙벙하여 영문을 몰라 하였습니다.

"손가락을 보라 하심은 무슨 뜻입니까?"

스님이 말했습니다.

"이것이 곧 달이니라!"

제자들은 더욱 어리둥절하여서 다시 말했습니다.

"저희가 달을 여쭈었더니 스님께서는 손가락을 들어 보이셨습니다. 그런데 저희가 손가락의 의미를 여쭈었더니 스님께서는 다시 달이라고 하셨습니다. 손가락이 곧 달이고 달이 곧 손가락이란 말씀이십니까?"

스님이 말씀하셨습니다.

"애들아, 이것을 일러서 득지망월(得志忘月), 곧 손가락을 얻고 달을 잊었다고 하느니라. 너희들이 달의 이치를 물었는데 나는 너희들에게 그 이치를 그대로 전해줄 수 없다. 그래서 손가락으로 달을 가리켜 보인 것이다. 그런데 너희들은 손가락에 사로잡혀서 달을 잊어버렸다. 그러고는 손가락의 의미를 물었다. 그래서 달이라고 대답한 것이다."

손가락은 말(언어)이고 달은 진리입니다. 말은 의사소통의 수단이니 말의 역할은 의사전달만 하면 그만이라 하겠습니다. 그런데 사람들은 흔히 말로써 전달하려는 뜻은 잊어버리고 수단에 지나지 않는 말의 형식이나 형태, 말 그 자체에만 매달려서 옳으니 그르니 하고 가타부타 따집니다. 말이 없이는 뜻을 전달하기 어렵지만 때로는 말이 뜻을 제대로 전달하는 데 도리어 방해가 되기도 한답니다. 또한, 일상생활에서 말을 주고받다가 말에만 매달려서 옥신각신하고 오해를 하고 다투기도 합니다. 그러기에 우리 속담에 '말은 할수록 거칠어지고 가루는 칠수록 고와진다' 하였습니다.

말은 뜻을 전달하기 위해 있는 것이니 말로써 뜻을 주고받았으면 말은 잊어버려야 합니다. 사다리를 놓고 높은 곳에 올라가본 적이 있나요? 사다리로 높은 곳에 올라가면 사다리는 잊어버려야 합니다. 어떤 사람이 조각배를 타고 강을 건넌 뒤 배를 등에 짊어지고 끙끙거리며 갑니다. 길을 같이 가던 사람이 묻습니다.

"왜 땀을 뻘뻘 흘리며 그 무거운 배를 지고 갑니까?"

그 사람이 대답합니다.

"내가 강을 건너도록 도와준 배이니 고마움을 잊을 수 없어서 지고 갑니다."

배를 타고 강을 건넜으면 배는 잊어버려야지요. 통발은 물고기를 잡는 여러 도구 가운데 하나입니다. 통발로 많은 물고기를 잡았다고 통발이 소중하다 하여 잡은 물고기는 잊어버리고 통발만 쓰다듬고 있어서야 되겠습니까? 물론 다음에 물고기를 잡기 위해 통발을 잘 간수하기는 해야겠지만 물고기를 잡았다면 먼저 물고기를 어떻게 할까 생각해야 하지 않을까요?

그래서 장자라는 고대 중국 철학자는 득어망전(得魚忘筌), 곧 물고기를 잡았거든 통발은 잊어버리라고 하였습니다. 물고기는 얻고자 하는 진리(뜻)이고 통발은 물고기를 잡는 도구, 곧 말과 같은 수단이라 하겠습니다. 그러나 말은 뜻을 완벽하게, 100% 전달할 수는 없다고 합니다. 내가 말을 제대로 못 할 수도 있지만 상대방도 내 말을 100% 이해할 수는 없기 때문이랍니다. 나는 내 생각을 열심히 말하고 상대방은 내 말을 듣고 순전히 자기 생각대로 받아들여서 서로 다른 생각을 말하고 듣고 하는지도 모르겠습니다. 그러기에 옛사람은 말만 아니라 다른 방법으로도 뜻을 전달하려고 했고, 말을 주고받을 때는 말을 넘어서 그 속에 감춘 뜻을 깨달으려고 노력했던 것입니다.

《 37일 》

사소한 다툼이
큰 싸움으로 번질 수 있다

卑梁之釁

【비량지흔】

"감정을 다스리면
큰 싸움을 피할 수 있어요."

옛날, 중국이 아직 수많은 작은 나라로 나뉘어 있을 때 일입니다. 중국 남쪽에 있는 오나라의 비량이라는 고을은 이웃 초나라의 종리라는 고을과 경계를 이루고 있었습니다. 두 고을은 닭 울음이나 개 짖는 소리가 서로 간에 들릴 만큼 가까웠습니다. 하루는 비량의 처녀와 종리의 처녀가 저마다 뽕을 따러 나왔다가 말다툼을 하게 되었습니다. 뽕을 따는 데 열중하다가 그만 서로 상대방이 자기가 딸 뽕을 따갔다고 여겼던 게지요. 두 처녀 아이가 처음에는 그저 사소한 말다툼을 하였을 텐데 차츰 말다툼이 거칠어지고 목소리가 커지자 두 집안 어른들이 듣고서 말다툼하는 곳으로 왔습니다. 두 집안 어른들은 서로 자기 아이 편을 들어서 상대방을 닦아 세웠습니다. 감정이 서로 거칠어지자 치고받고 주먹다짐을 하였습니다.

마침내 종리 사람들이 비량 사람 하나를 때려서 죽이고 말았습니다. 이에 비량 사람들은 분노를 억누를 수 없어서 고을 수령을 찾아가 하소연하였습니다. 비량의 수령이 군사를 거느리고 가서 종리 고을을 쳐들어가서 범인을 찾아내 처벌하였습니다. 초나라 왕이 이 보고를 듣고 불문곡직하고 대뜸 군대를 일으켜서 비량을 공격하여 점령해버렸습니다. 초나라 땅을 호시탐탐 노리고 있던 오나라 왕이 구실만 찾고 있던 차에 마침내 때가 왔다 하고 왕자를 총사령관으로 삼고 대군을 일으켜서 초나라를 공격하여 종리를 빼앗고 전략상 중요한 땅인 거소마저 차지하고 말았습니다.

　비량과 종리의 두 처녀 아이는 설마 자기들의 말다툼이 이런 비극을 불러오리라고 상상이나 했을까요? 사소한 일이 빌미가 되어서 걷잡을 수 없는 큰일로 번지는 예는 결코 드문 일이 아닙니다. 사실 작은 감정의 대립이 큰 사건을 만들어내는 것입니다. 자존심이나 감정의 대립은 그 순간만 넘기면 별것 아닌 일도 크게 만들어서 돌이킬 수 없는 재앙을 만들어냅니다. 감정을 다스리는 일은 그래서 인격을 닦아 성숙해가는 데 밑거름이 되는 것입니다.

남보다
백 배 노력하여
남을 따라잡는다

人一己百

【인일기백】

"인생에서 하고 싶은 일을 찾아 남들보다 더 노력하세요."

『중용』이라는 책에 나오는 말입니다.

"남이 한 번에 해낸 일을 나는 (능력이 부족하다면) 백 번이라도 노력해서 해낸다. 남이 열 번만에 해낸 일을 나는 (능력이 부족하다면) 천 번이라도 노력해서 해낸다."

사람은 누구나 타고난 능력이 남들과 똑같을 수는 없습니다. 능력도 자질도 성격도 취미도 서로 다르기에 사람인 것입니다. 서로 저마다 다른 사람들이 어울려서 전체 사회를 이루는 것입니다. 꽃밭에 똑같은 꽃만 피어 있다면 물론 그 나름대로 장관이겠지만 금세 질려버리겠지요. 악기가 전부 똑같은 악기고, 음악이 전부 똑같은 음악이라면 얼마나 지겨울까요? 음악도 서로 다른 악기가 서로 다른 음색으로 다른 곡조를 연주할 때 전체가 어울려서 아름다운 화음을 이루지요. 사회도 개성이 서로 다른 사람들이 제 역할을 서로 다할 때 아름다운 사회가 되겠지요.

그런데 무슨 일을 할 때든 타고난 능력이 저마다 다르니 능력이 모자란다고 생각하면 지레 포기해야 할까요? 그렇지는 않지요? 역시 『중용』에 이런 말도 있습니다.

"어떤 사람은 나면서 알고 어떤 사람은 배워서 알고 어떤 사람은 애를 써서 알게 된다. 그러나 알게 되었다면 모두 똑같다. 어떤 사람은 (착한 일을) 편안하게 하고 어떤 사람은 이로우니까 하고 어떤 사람은 억지로 힘써서 한다. 그러나 (착한 일의) 결과를 얻었다면 모두 똑같다."

남들보다 머리가 모자라거나 능력이 모자란다고 해서 미리 겁을 먹고 해보지도 않고 포기하거나 지레짐작으로 단념할 필요는 없습니다. 인생은 짧다면 짧고 길다면 깁니다. 현대사회 청소년은 오로지 학교에서 얻은 학업성적으로 개인의 잠재적 역량과 소질과 자질을 평가받습니다. 특히 상급학교에 진학할 때 얻은 성적이 인생 전체를 거의 결정지어 버립니다. 그래서 진학하는 학교의 등급이나 서열에 따라 청소년기의 성취가 결정됩니다. 이 얼마나 어이없는 일인가요? 한 사람의 일생을 엮어가는 중요한 고비에서 한두 번의 좌절이 영영 극복할 수 없는 실패의 낙인을 찍고, 자라는 과정에서 불가피한, 어쩌면 필수적인 시행착오가 돌이킬 수 없는 과오의 굴레를 씌워버린다면 수많은 청소년이 어떻게 내일을 살아갈 수 있겠습니까?

사람은 누구나 자기 삶을 충실하게 살아갈 자질이 있고 자격이 있고 역량이 있습니다. 그리고 자기 삶을 스스로 책임지고 가꿀 권리가 있습니다. 비록 현대사회가 그어 놓은 금, 정해 놓은 목표에 남보다 빨리, 남보다 높이 도달하지 못했다 해서 그 인생이 열등한 것은 아닙니다. 남이 한 번에 어떤 일을 이루었다면 나는 그만한 능력이 안 되어서 열 번 백 번이라도 노력해서 성취한다면 그 결과는 같은 것입니다. 노력하는 과정에서 자기 역량을 신뢰하고 또 많은 지혜를 터득하는 것입니다. 한 번에 성취한 사람이 매사에 남들보다 백 배 빨리 성취해서 다른 사람이 열 번 백 번 노력하는 동안 아주 빨리 백 배나 멀리 가 있을 것 같지만 결코 그렇지 않습니다. 삶은 과정이지 결과가 아니기 때문입니다. 그러니 열심히 살아가는 것 그 자체가 가치 있고 의미 있는 것입니다.

오리가 물에서 헤엄을 치면
몸은 가만히 있으나
다리는 열심히 움직인다

鴨子凫水

【압자부수】

"겉으로 보이는 것보다
그 밑에 있는 움직임을 보는 게 중요해요."

연못이나 강에서 헤엄치는 오리를 멀리서 보면 몸이 물 위에 둥둥 떠서 자유로이, 느긋하게 흐름을 따라 오르락내리락하는 것처럼 보입니다. 그러나 가까이 가서 보면 오리는 끊임없이 두 발을 놀립니다. 오리가 여유 있게 헤엄치기 위해서는 두 발을 열심히 놀려야 한다는 것입니다. 겉으로 보이는 것이 아무리 그럴듯하게 훌륭하게 보여도 밑에서 보이지 않는 토대가 없다면 공중누각인 것입니다. 지도자가 아무리 훌륭해도 인민의 지지와 협조가 없이는 사회를 이끌어 갈 수 없습니다. 역사에서는 뛰어난 업적을 이룬 지도자나 세계사의 흐름을 돌려놓은 영웅들만 칭송하는데, 지도자나 영웅이 그런 업적을 이룬 데에는 실은 그들의 지도 아래 실제로 구체적인 일을 해낸 인민의 힘이 있었던 것입니다.

그리고 한 사회가 겉으로 볼 때는 아무런 움직임이 없는 것 같아도 아래의 대중은 끊임없이 움직이며 변화를 추구합니다. 변화는 물 밑에서 일어나는 것입니다. 주전자에 물을 담고 끓이면 온도가 한참 올라갈 때까지 별로 눈에 띄는 변화가 없습니다. 그러다가 물이 끓는점에 가까워지면 갑자기 부글부글 끓어오릅니다. 민중의 변화 의지가 사회의 변혁을 이루어냅니다만 변혁의 동력이 처음부터 드러나는 것은 아닙니다. 아래에서 충분히 쌓여야만 위로 변혁의 기운이 솟구쳐 올라오는 것입니다. 그러므로 겉으로 봐서 평온하다고 해서 진짜 아무런 문제가 없는 것은 아닙니다.

한 사회의 지도자는 보이지 않는 곳에서 일어나는 움직임, 변혁의 기운을 읽어내야 하며, 민주사회의 시민은 스스로 변혁의 주체가 되어야 합니다. 오리가 발을 놀리지 않으면 물의 흐름에 따라 흘러내려 가듯이 변혁의 움직임을 끊임없이 추구하지 않으면 한 사회는 정체되고 동력을 잃어버리고 기강이 해이해져서 마침내 무너지고 마는 것입니다.

자기를 극복하고 예로 돌아간다

克己復禮

【극기복례】

"개인적 욕망을 극복하고
공동체의 가치를 추구하는
자세를 가져야 해요."

『논어』에 나오는 아주 유명한 말 가운데 하나입니다. 공자가 가장 아꼈던 제자 안연이 공자에게 물었습니다.

"선생님, 인(仁)이란 무엇입니까?"

공자가 대답했습니다.

"자기를 극복하고 예로 돌아가는 것이다. 하루라도 자기를 극복하고 예로 돌아가면 온 세상이 그를 인하다고 할 것이다."

안연이 다시 묻습니다.

"인을 하기 위한 항목은 무엇입니까?"

공자가 대답합니다.

"예가 아니면 보지 말고, 예가 아니면 듣지 말고, 예가 아니면 말하지 말고, 예가 아니면 행동하지 말라."

안연이 이 가르침을 듣고 다짐합니다.

"제가 비록 빠릿빠릿하지는 않지만 이 말씀대로 실천하겠습니다."

자기를 극복한다는 말은 자기 욕망, 개인적인 욕망을 극복한다는 말입니다. 그리고 예로 돌아간다는 말은 한 사회의 규범과 질서, 가치와 같은 것을 회복한다는 말입니다. 사람의 마음속에는 개인적인 욕망과 공동의 보편적 가치가 함께 들어 있습니다. 사회정의와 질서를 추구하고 올바르고 착한 일을 하려는 것은 누구나 원하는 보편적 가치입니다. 그런데 이런 가치는 언제나 개인적인 욕망과 부딪힙니다. 나는 개인적으로는 잘 먹고 잘 살고 돈도 많이 갖고 싶고 높은 자리에 앉고 싶기도 합니다. 그런데 내가 이런 욕망을 가지고 있다면 다른 사람들도 모두 당연히 이런 욕망을 갖고 있겠지요. 그래서 내가 내 욕망을 추구할 때 남들도 똑같은 욕망을 갖고 있다는 것을 인정하지 않으면 나 혼자 과도한 욕망을 부리게 되고, 주위에 많은 갈등을 일으키게 됩니다. 특히 높은 자리에 있는 사람들이 개인의 욕망을 지나치게 추구하면 한 사회가 혼란해지고 무질서해지고 타락합니다.

사실 조선 시대에 『논어』를 읽어야 할 사람은 관리가 되려는 사람이었습니다. 조선 시대에는 누구나 학문을 익혀야 관리가 될 수 있었기 때문에 과거를 보아 관리가 되려는 사람은 반드시 『논어』를 비롯한 사서삼경을 읽고 익혀야 했습니다. 사서삼경의 핵심은 바로 한 사회의 지도자는 개인의 욕망을 절제하고 극복하여서 사회 공동체 전체가 복지를 누리도록 이끌어야 한다는 것입니다. 사회 지도자의 개인적 욕망은 반드시 공동체 전체의 욕망과 부딪히게 되어 있습니다. 아무리 높은 사람이라도, 대통령이라 하더라도 개인적으로는 한 인간이니 인간으로서 욕망이 없을 수 없습니다. 그러나 대통령을 비롯한 지도층의 사람들이 인간적 욕망이 없을 수 없다 하여 개인의 욕망을 추구하다 보면 사회는 반드시 부패하는 것입니다. 그래서 개인의 욕망이 싹틀 때 살펴보고 성찰해서 공동체 전체의 이익으로 승화시켜야 합니다.

현대사회는 민주시민 사회입니다. 한 사람 한 사람이 모두 주체적 시민이며, 주체적 시민이 주인인 사회입니다. 그러므로 시민은 저마다 이 사회의 주인으로서 마음가짐과 자세를 지녀야 합니다. 사적인 개인의 욕망을 극복하고 공동체 전체의 가치와 사회 전체의 복지를 추구해야 합니다. 극기복례란 한 사회의 주체에게 꼭 필요한 덕목인 것입니다.

십 대를 위한

하루 한 줄 인생 수업

1판 1쇄 찍은날 2020년 9월 16일
1판 2쇄 펴낸날 2021년 9월 8일

글 | 김태완
펴낸이 | 정종호
펴낸곳 | 청어람e

편집 | 박세희
마케팅 | 이주은
제작·관리 | 정수진
인쇄·제본 | (주)에스제이피앤비

등록 | 1998년 12월 8일 제22-1469호
주소 | 03908 서울 마포구 월드컵북로 375, 402호
이메일 | chungaram_e@naver.com
전화 | 02-3143-4006~8
팩스 | 02-3143-4003

ISBN 979-11-5871-142-9 43190
잘못된 책은 구입하신 서점에서 바꾸어 드립니다.
값은 뒤표지에 있습니다.

청어람 e)) 는 미래세대와 함께하는 출판과 교육을 전문으로 하는 청어람미디어의 브랜드입니다.
어린이, 청소년 그리고 청년들이 현재를 돌보고 미래를 준비할 수 있도록 즐겁게 기획하고 실천합니다.